人力资源管理从入门到精通系列

绩效管理实操

全程实战指导手册

杨娟　曹川　主编

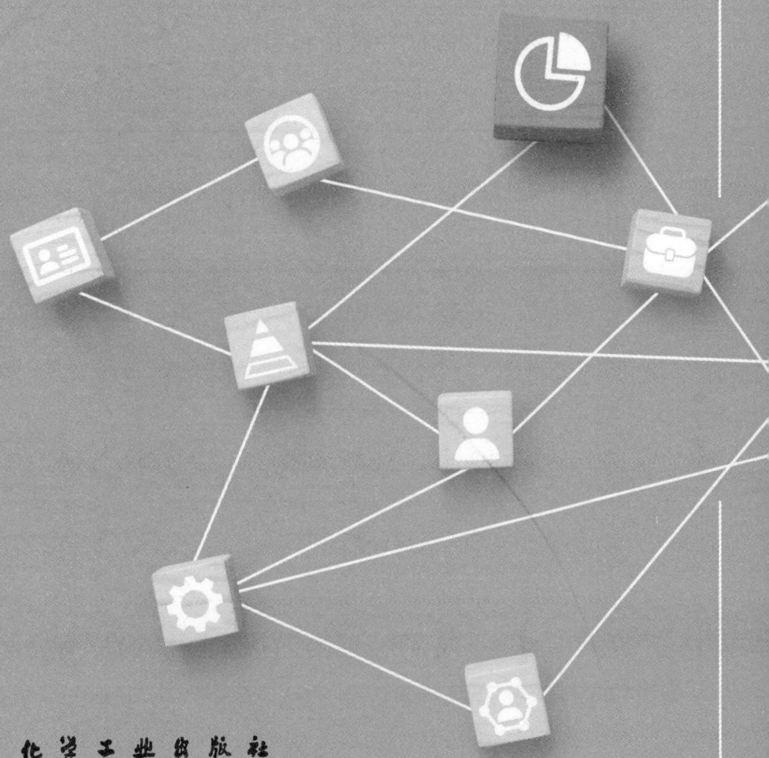

化学工业出版社
·北　京·

内容简介

《绩效管理实操——全程实战指导手册》一书主要包括绩效管理概述、绩效管理模式、绩效管理指标库、制订绩效计划、绩效考核实施与评估管理、绩效反馈与面谈、绩效结果应用与申诉处理七章内容，对绩效管理进行了系统的归纳和解读。

本书采用图文解读的方式，通过基本流程、内容解读的形式，并辅以小提示、范本、相关链接等栏目，让读者在轻松阅读中了解绩效管理过程中的要领并学以致用。本书尽量做到去理论化、注重实操性，以精确、简洁的方式描述重要知识点，满足读者希望快速掌握绩效管理实操技能的需求。

本书可作为人力资源管理人员、绩效管理相关工作人员的参照范本和工具书，也可供高校教师和专家学者作为实务类参考指南，还可以作为相关培训机构开展人力资源管理培训的参考资料。

图书在版编目（CIP）数据

绩效管理实操：全程实战指导手册 / 杨娟，曹川主编.—北京：化学工业出版社，2021.11

（人力资源管理从入门到精通系列）

ISBN 978-7-122-39785-0

Ⅰ.①绩… Ⅱ.①杨… ②曹… Ⅲ. ①企业绩效-企业管理 Ⅳ. ①F272.5

中国版本图书馆CIP数据核字（2021）第169996号

责任编辑：陈　蕾　刘　丹　　　装帧设计：小徐书装

责任校对：宋　玮

出版发行：化学工业出版社（北京市东城区青年湖南街13号 邮政编码100011）

印　　刷：三河市航远印刷有限公司

装　　订：三河市宇新装订厂

787mm×1092mm　1/16　印张15　字数299千字　2022年1月北京第1版第1次印刷

购书咨询：010-64518888　　　售后服务：010-64518899

网　　址：http://www.cip.com.cn

凡购买本书，如有缺损质量问题，本社销售中心负责调换。

定　　价：78.00元

前言

PREFACE

人力资源管理在企业管理中的作用日益重要。一个企业能否健康发展，在很大程度上取决于员工素质的高低，取决于人力资源管理在企业管理中的受重视程度。

人是企业拥有的重要资源，也是企业的核心竞争力所在。随着企业对人力资源的利用和开发，企业的决策越来越多地受到人力资源管理的约束。目前人力资源管理逐渐被纳入企业发展战略规划中，成为企业谋求发展壮大的核心因素，也是企业在市场竞争中立于不败之地的至关重要因素。人力资源管理质量的高低，直接影响到企业利润和企业的核心竞争力，人力资源管理变成了最优先级的战略性资源之一。

基于此，为了帮助人力资源管理工作者更好地完成本职工作，充分发挥人力资源管理工作在企业发展中的作用，我们组织有关专家学者编写了本书。

通过本书的学习，人力资源管理者可以全面掌握人力资源管理的各项技能，更好地开展人力资源管理工作。同时，本书可以作为人力资源管理入门者、中小企业管理者、各高校人力资源管理专业的学生、大型企业中层管理者自我充电、自我提升的学习手册和指导手册，还可以作为相关培训机构开展岗位培训、团队学习的参考资料。

《绩效管理实操——全程实战指导手册》一书主要包括绩效管理概述、绩效管理模式、绩效管理指标库、制订绩效计划、绩效考核实施与评估管理、绩效反馈与面谈、绩效结果应用与申诉处理七章内容，对绩效管理进行了系统的归纳和解读。

本书由杨娟、曹川主编，参编的还有匡仲潇、刘艳玲。本书采用图文结合的叙述方式，辅以章前概述、思维导图、范本、实例等栏目，让读者在轻松阅读中了解绩效管理的要领并学以致用。本书尽量做到去理论化、注重实操性，以精确、简洁的方式描述重要知识点，最大化地满足读者希望快速掌握绩效管理技能的需求。

由于笔者水平有限，书中难免出现疏漏之处，敬请读者批评指正。

编者

目录

CONTENTS

第一章 绩效管理概述

绩效管理在企业人力资源管理中具有非常重要的地位，许多知名企业都建立了非常完善的绩效管理体系，设置了绩效管理委员会。绩效的管理并不仅限于考核，而是一个全方位、全员参与的系统性工作，同时按PDCA方法不断循环、持续改进。

第二章 绩效管理模式

绩效管理的模式有许多，最典型的有360 度绩效反馈评价、基于素质的绩效考核、基于目标的绩效考核、基于KPI 的绩效管理、基于BSC 的绩效考核等考核模式。

第三章 绩效管理指标库

绩效指标库是绩效管理中常见的和最主要的工具之一。企业的绩效管理体系由绩效考核指标和绩效管理制度两大部分组成。要想建立一套实用、合理、符合企业实际的绩效指标体系，绩效指标库是必不可少的。

第四章 制订绩效计划

绩效计划是管理者与员工双向沟通的过程，所以，这个计划应该是由管理者和被管理者共同制订。

第五章　绩效考核实施与评估管理

绩效考核实施与评估是指考核主体对照工作目标和绩效标准，采用科学的考核方式，评定员工的工作任务完成情况、员工的工作职责履行程度和员工的发展情况，并且将评定结果反馈给员工的过程。绩效考核过程的实施可以说是绩效管理中的重中之重，对于整个绩效管理的有效性起着至关重要的作用。

第六章　绩效反馈与面谈

绩效反馈是绩效管理的最后一步，是由员工和管理人员一起，回顾和讨论考评的结果。如果不将考核结果反馈给被考评的员工，考核将失去极为重要的激励、奖惩和培训的功能，因此，绩效反馈在绩效管理中起到至关重要的作用。

第七章 绩效结果应用与申诉处理

绩效管理的最后一环就是绩效结果的应用，绩效评估的应用范围很广，它的结果可以供管理人员为人力资源管理的决策提供信息，还可以用于员工个人在绩效改进、职业生涯发展方面的借鉴。另一项工作就是要处理好员工申诉的问题，以保证绩效的公平性。

第一章

绩效管理概述

章前概述

绩效管理在企业人力资源管理中具有非常重要的地位，许多知名企业都建立了非常完善的绩效管理体系，设置了绩效管理委员会。绩效的管理并不仅限于考核，而是一个全方位、全员参与的系统性工作，同时按PDCA方法不断循环、持续改进。

思维导图

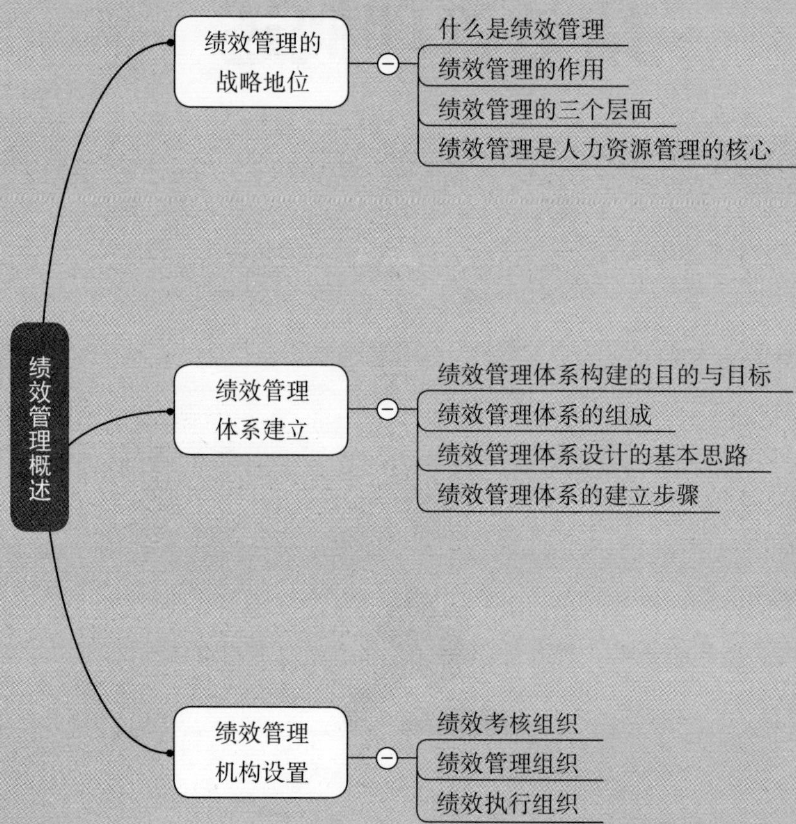

第一节
绩效管理的战略地位

一、什么是绩效管理

绩效是指履行对应职位的工作职责所达到的阶段性结果及其过程中可评价的行为表现。

绩效管理是一个不断进行的业务循环管理过程，即首先明确企业要做什么（目标和计划），然后找到衡量工作做得好坏的指标与标准进行监测（构建指标与标准体系并进行监测），通过管理者与被管理者的互动沟通，将目标责任层层传递（辅导、沟通），发现做得好的（绩效考核），进行奖励（激励机制），使其继续保持，或者做得更好完成更高的目标。更为重要的是，若发现不好的地方（经营检讨），要通过分析找到问题所在，并进行改正（绩效改进），使得工作做得更好。这个过程就是绩效管理过程。

二、绩效管理的作用

（一）促进个人和企业业绩的提升

通过科学合理地构建绩效考核体系，企业和个人能够明确绩效方向，为工作指明前进的方向。同时，在绩效考核评价环节，绩效管理能够对部门、团队和个人的工作成绩及其产生的效果，以及对企业绩效的影响进行公正与客观的评价。进一步明确相关组织和个人对企业的贡献，有利于促进个人和企业业绩的整体提高。

（二）优化业务流程，提高管理水平

绩效管理能够帮助企业明确每个工作岗位和工作团队的绩效目标和主要工作内容，避免工作内容和工作职能发生重叠，提高员工之间、部门之间的团结协作能力，进而优化企业业务流程管理，使员工和组织团队明确地知道每项工作由谁去做、怎么做，完成之后交给谁等问题。因而，从业务流程方面考虑，绩效管理能够促进业务流程的优化，提高企业的整体管理水平。

（三）提升企业管理的有效性

在现代企业管理中，计划管理是不可或缺的重要组成部分。然而，许多企业的经

营管理活动随意性很大，不利于企业计划管理有效性的发挥。绩效管理作为计划管理中的重要内容，能够有效地弥补这一点。绩效管理既是对员工绩效的一种评价，也为员工和组织团体提出了明确的工作目标，指明了工作的具体方向。这就需要企业根据长期的发展战略制定短期发展目标，提出绩效考核的具体内容，进一步加强对工作的计划管理，提升企业管理的有效性。

（四）发现管理中的不足之处

绩效管理的评价和反馈，能够较为全面地帮助企业了解一段时期内的业绩情况，掌握企业发展中各项经营活动的优劣程度，反映管理中的不足之处，进而帮助企业提升自身管理水平。

（五）提高管理人员的管理水平

在现代企业中，某些管理者一味地追求业务成绩，忽视了自身管理水平对企业发展的影响，以致部门管理者不知道如何制订部门工作计划、怎样发挥部门优势，一定程度上不利于部门业绩的提高。而绩效管理强调的是计划管理，能够有效地指导管理者制订工作计划，提高管理水平。

（六）实现企业战略目标

无论企业实施何种管理手段，都是为战略目标服务的，绩效管理也不例外。一个成熟的企业通常具有明确的发展战略目标，需要经过特定时间才能够实现。因此，企业需要结合外界市场经济环境制定短期发展目标，然后将短期发展计划下发到各个部门，部门把绩效目标落实到各个工作岗位上，共同促进企业战略目标的实现。

三、绩效管理的三个层面

绩效管理是一个系统工程，管理专家们通常将企业的绩效管理分为三个层面：组织绩效、流程绩效和个人绩效，如表 1-1 所示。

表 1-1　绩效管理的三个层面

层面		说明
第一个层面	组织绩效	组织绩效是指企业在某一时期内组织任务完成的数量、质量、效率及赢利情况，组织绩效的评价需要选用一定的指标，指标通常使用数量、质量、时间和成本这样一些词汇来描述。例如：成本下降 10%、年销售环比增长 20%、利润率提升 20%、市场占有率同比提高 15% 等

续表

层面		说明
第二个层面	流程绩效	流程是指工作事项的活动流向顺序，包括实际工作过程中的工作环节、步骤和程序。流程绩效管理的目的是通过建立科学合理的指标体系，监控流程绩效，运用分析方法，展现业务出现问题的根本原因，并在以后的工作中实施改进。实施流程绩效管理需要企业建立一整套的管理制度，包括保证基础数据及时性和准确性的日清日结管理制度，各种例会的程序和决策制度，拟制、审核、分发、反馈各种信息、报表、报告的制度
第三个层面	个人绩效	员工个人绩效是指与员工履行工作职责所达到的阶段性结果及其过程中可评价的行为表现，个人绩效管理的目的是促使员工努力工作以达到其工作岗位的要求，内容一般包括员工绩效计划、绩效指导、绩效评估、结果运用（培训和发展、激励）等

绩效管理的重要工作之一就是将企业的战略目标逐级分解到部门、流程和个人，当每一个级别和每一个层面的绩效管理工作形成了一个有机的整体，整个企业就会有良好的绩效表现。

四、绩效管理是人力资源管理的核心

人力资源管理体系是由人力资源战略规划、企业使命与文化、绩效评估、培训开发、薪酬激励与认可等一系列要素形成的有机整体，如图 1–1 所示。

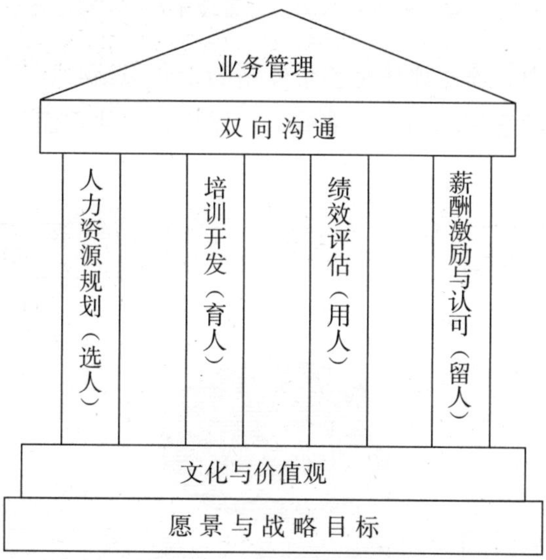

图 1-1　人力资源管理体系

根据上图，我们可以得出人力资源管理体系的整个框架。

（1）愿景与战略目标是人力资源管理体系的基石，它为企业绩效管理提供了根基。

（2）文化与价值观是人力资源管理体系的平台，也是企业绩效管理运作方针原则的导向。

（3）人力资源规划、培训开发、绩效评估、薪酬激励与认可等是人力资源管理体系的几大支柱，同时也是企业绩效管理的支持系统。

（4）企业中的双向沟通作为“横梁”，构成了人力资源管理体系各个支柱的连接桥梁，同时也是绩效管理有力的调节剂和催化剂。

（5）上述基石、平台、支柱、横梁的有效结合共同支持着企业创造持续的优良绩效。

企业的人力资源管理是一个有机的系统，在这个系统中各个环节紧密相连。绩效管理在这个系统中占据核心的地位，起到重要的作用，如图 1–2 所示。

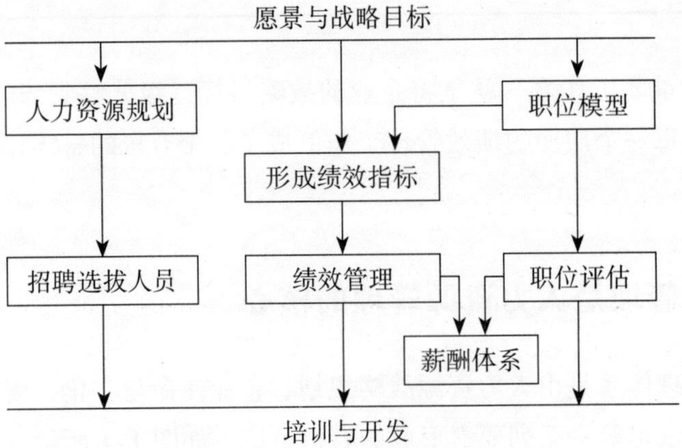

图 1-2　绩效管理在人力资源管理体系中的核心地位

在绩效管理体系中，绩效评估是整个体系的中介与核心环节。而且，有效的绩效评估可以促进人力资源管理不同组成部分的一体化，并使它们与企业战略目标紧密地结合起来，如图 1–3 所示。

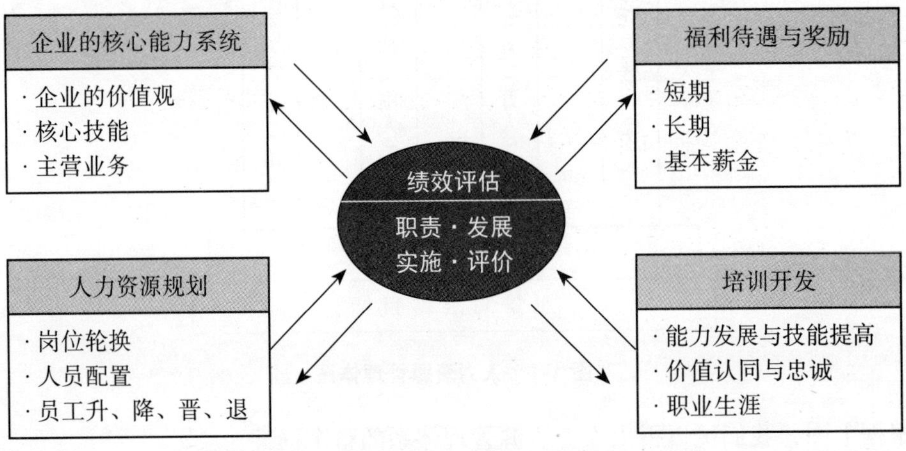

图 1-3　绩效评估推动人力资源管理的一体化

第二节
绩效管理体系建立

绩效管理体系是一套有机整合的流程和系统，专注于建立、收集、处理和监控绩效数据。良好的绩效管理体系既能增强企业的决策能力，又能通过一系列综合平衡的测量指标来帮助企业实现策略目标和经营计划。

一、绩效管理体系构建的目的与目标

（一）目的

优秀的绩效管理体系应达到以下目的。

（1）强化内部激励、监督与约束机制。

（2）提高员工的工作质量和工作效率。

（3）推进企业战略目标与年度各项生产经营目标的顺利实现。

（4）切实改善企业的绩效水平。

（二）目标

绩效管理体系的构建应围绕企业战略定位和战略目标，将经营压力自上而下传递，使各个层级的员工都积极行动起来，不断改善和提升绩效，形成企业的核心竞争优势，切实推进企业战略目标的实现。具体包括以下几个方面。

（1）明确、强化各级组织、各个岗位的绩效管理职责、流程和责任。

（2）明确各级（包括组织和岗位）的绩效目标，保证内部组织、岗位员工的价值取向及行动与企业的战略目标相一致，提高企业整体的运作能力。

（3）保证各级组织、各个岗位战略目标与年度经营目标的完成。

（4）为人力资源管理与开发等提供依据。

二、绩效管理体系的组成

绩效管理体系通常由以下几个部分组成。

（1）企业使命、愿景、核心价值观、战略总目标。

（2）企业目标。

（3）绩效计划。

（4）绩效考核流程与考核机制。

（5）绩效辅导与绩效改进。

（6）绩效考核结果的应用。

（7）绩效优化机制。

（8）绩效文化。

三、绩效管理体系设计的基本思路

绩效管理体系设计的基本思路如表 1–2 所示。

表 1-2　绩效管理体系设计的基本思路

序号	基本思路	描述
1	以战略为导向	通过 KPI（Key Performance Indicator，关键绩效指标）将公司战略目标落实到各层级各岗位上
2	绩效透明化	（1）为高层管理者提供了解下属业务表现的工具 （2）建立公平、坦诚、全方位的绩效审核与沟通管理方法 （3）系统地、客观地评估经营绩效
3	管理系统化	（1）以系统的绩效管理代替随机的“人管人” （2）上层对下层的管理以绩效管理为主，而非对业务经营的日常干预，保证责、权、利的划分
4	绩效与激励机制薪酬结合	（1）清晰地将绩效表现与激励机制相结合 （2）保证个人绩效结果体现个人绩效表现 （3）为稀缺的关键人才、突出贡献者提供高于市场的薪酬水平以及培训机会、平台等

四、绩效管理体系的建立步骤

绩效管理体系的建立要遵循图 1–4 所示的八个步骤。

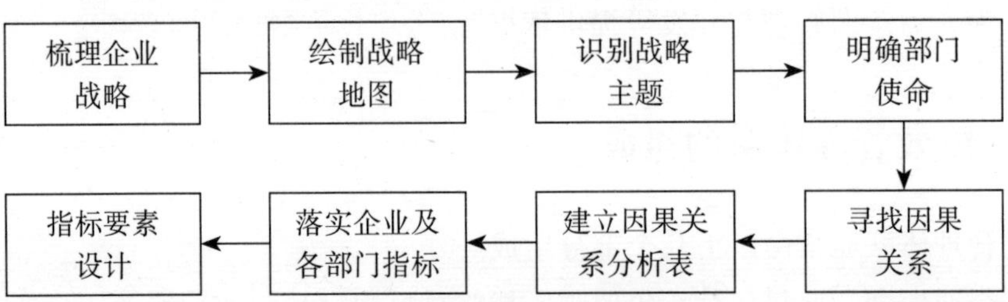

图 1-4　绩效管理体系的建立步骤

（一）梳理企业战略

企业实施绩效管理，首先要进行战略梳理，明确企业战略的主要工作，具体步骤为：

（1）明晰企业愿景与战略目标体系。

（2）对外部环境与行业进行分析。

（3）对内部资源能力进行分析。

（4）确立总体战略及业务战略，分析核心竞争力或关键成功因素，设计职能战略及战略实施计划。

经过第四步就可以对企业的战略体系有充分的把握，而绩效管理正是企业实现战略目标的有效手段。战略总目标是企业使命的具体化，是企业追求的较大目标。所谓企业使命，就是企业在社会、经济发展中所应担当的角色和承担的责任，即企业存在的理由和价值，企业使命通常具有相对稳定性。

（二）绘制战略地图

梳理清企业的战略目标后，接下来的工作是绘制战略地图。

战略地图绘制的工具是价值树模型，即运用价值树模型，采用层层剖析的方法，将企业的战略目标按照从上到下的逻辑关系进行层层分解，依次分为财务、客户、内部运营、学习成长四个维度。战略地图是对企业各战略目标因果关系的可视化表示方法，它将平衡计分卡四个层面的目标集成在一起，从不同层面描述公司战略及达成战略目标的路径，如表 1–3 所示。

表 1-3　战略地图四层面的目标

序号	层面	重点
1	财务层面	财务层面阐明了企业经营行为所产生的可衡量性财务结果，体现了公司对股东价值的增值
2	客户层面	客户层面的重点是公司期望获得的客户和细分市场，以及公司如何满足内部和外部客户的需求
3	内部运营层面	内部运营层面的重点是为了吸引并留住目标市场的客户，并满足股东的财务回报率期望，公司必须遵循核心经营流程，并符合公司的核心价值观导向
4	学习成长层面	学习成长层面的重点是获取未来突破性的业绩与成功，组织员工学习掌握必备的核心知识与创新精神

平衡计分卡的每一个目标一般只需要两个绩效指标就能准确地表达其含义，管理者在具体操作时可以设法将每个维度的目标控制在 3 个以内。平衡计分卡的两位作者卡普兰教授和诺顿博士认为：平衡计分卡的每个层面需要 4 ～ 7 个指标就可以了，

16～25个指标就基本上能够满足需要。四个层面中，财务层面用3～4个指标、客户层面用5～8个指标、内部运营层面用5～10个指标、学习成长层面用3～6个指标就可以了。

实例

某企业战略地图示例，如图所示。

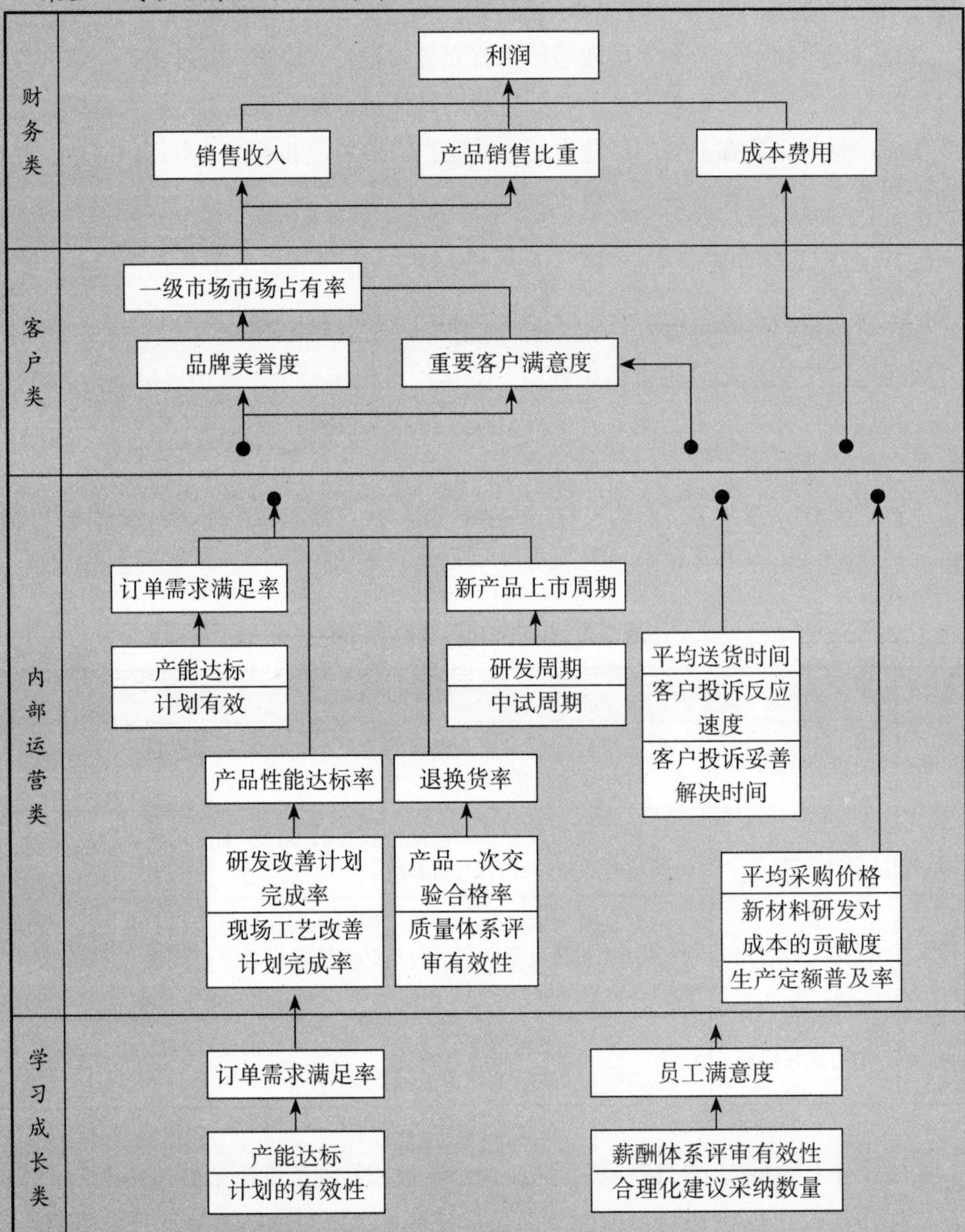

（三）识别战略主题

企业战略主题可以分为三类，具体描述如表 1–4 所示。

表 1-4　战略主题的分类

序号	战略主题分类	简要描述
1	发展战略诉求主题	发展战略也称为集团战略、企业战略。发展战略主要描述企业的业务范围是什么，现有业务组合及拟进入哪一个领域，采取增长、维持还是收缩的发展战略，产品、地域和客户的选择是什么，采取单一业务还是多元化业务战略，是采取相关多元化还是无关多元化等问题
2	竞争战略诉求主题	竞争战略也称为业务单元战略，竞争战略主要描述各业务单元如何开展竞争，根据战略优势和市场范围，是采取差异化还是集中化的竞争手段
3	职能战略诉求主题	职能战略主要描述通过哪些方面的努力来增强竞争力，如在财务、营销、人力资源、物流、生产、研发、采购等方面采取何种措施来支持企业战略与业务战略，职能战略更强调具体的可操作性

一个企业的任务系统通常具有长期稳定性，即使在较长的一段时间内也不会有大的变化，因此发展战略也具有相对稳定性，在中长期内也不会有太大的改变。竞争战略则需要随着市场竞争状况的变化及时调整，而职能战略则是支持公司战略与业务战略所采取的具体措施，也需适时调整。

要识别战略主题，可运用职责分析法（Function Analysis System Technique，简称 FAST 法）。企业价值链通常包括市场营销、产品开发、采购供应、生产经营、客户服务等核心价值链，除了核心价值链之外还有人力资源、IT 信息技术、财务、法律、行政后勤、企业文化等辅助价值链，可以循着企业价值链的核心价值链和辅助价值链对战略主题进行相关性识别并分解到各部门，从各部门中寻找到能够驱动战略主题与目标的因素。

（四）明确部门使命

明确部门使命时应当注意以下几点。

（1）部门使命不是部门所有职责的简单叠加，必须能高度概括部门的工作内容，明确部门的职责与目标。

（2）部门使命是各部门对企业战略的支撑，部门使命必须紧密围绕企业的战略目标。

（3）部门使命的着重点在于描述部门的价值、意义、定位与作用。明确部门使命的过程是与各部门主管反复磋商研讨的过程，部门使命必须让每个部门主管心悦诚服，明确部门使命可以为落实公司及各部门指标打下良好基础。明确部门使命的同时，企业管理者还需要对企业的价值链流程进行优化，并对组织架构进行梳理。明确部门使命、优化流程、梳理组织架构必须同时进行。

（五）寻找因果关系

因果关系链分析最合适的工具是价值树模型。价值树模型是在目标（或指标）之间寻找对应的逻辑关系，在运用时可以分别列出企业战略地图中的衡量性目标、对应的关键绩效指标及驱动这些指标的关键流程和对应的关键流程绩效指标。

实例

以下为某企业的价值树模型图示例。

（1）价值树模型图——财务类示例。

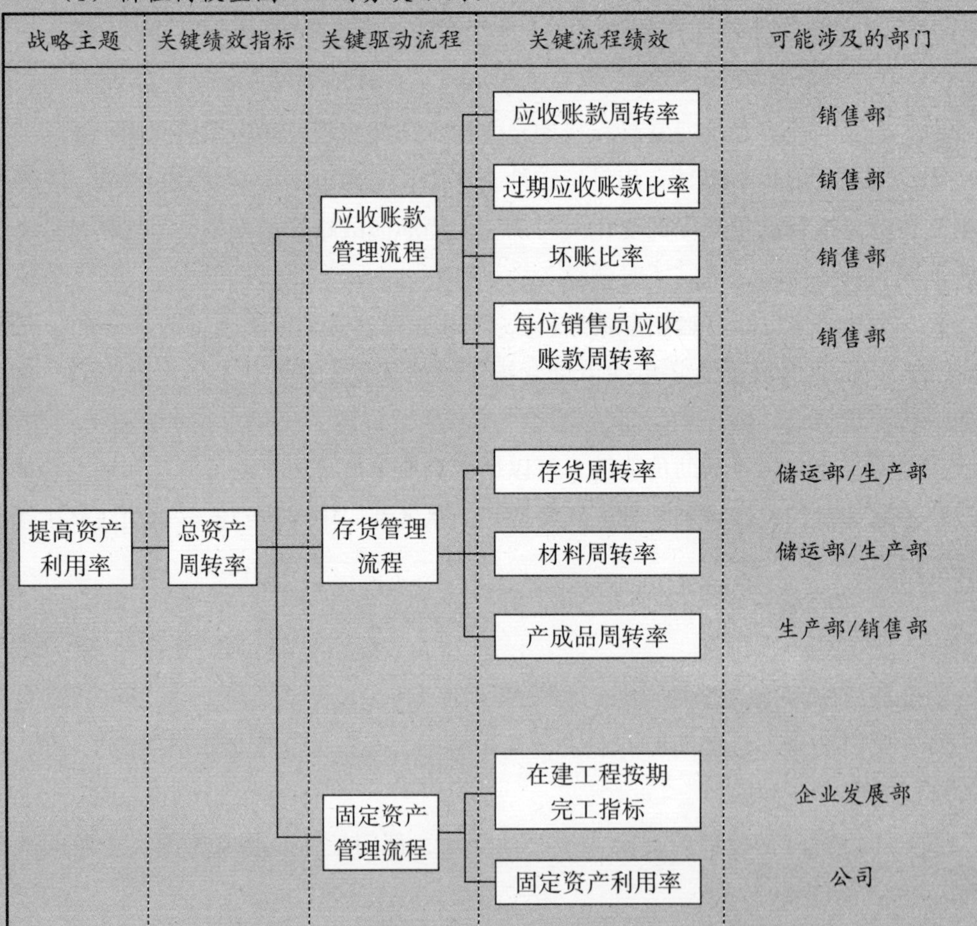

（2）价值树模型图——客户类示例。

战略主题	关键绩效指标	关键驱动流程	关键流程绩效	可能涉及的部门
提高最终客户满意度	最终客户满意度	大客户管理流程	大客户满意度	销售部
		经销商管理流程	市场上由于经销商造成冲货次数 对冲货进行制止的反应速度	销售部 销售部
		产品开发流程	最终客户评分	研发 / 技术
		质量管理流程	产品退货率	生产质量
		价格管理流程	价格变化周期 价格变化幅度	销售部 销售部
		售后服务流程	售后服务满意度	销售部
		客户意见反馈流程	客户意见反馈达成率	销售部
		客户满意度调研流程	客户满意度调研次数 / 质量	销售部

（3）价值树模型图——内部运营类示例。

战略主题	关键绩效指标	关键驱动流程	关键流程绩效	可能涉及的部门
提高企业创新能力	新品上市周期	市场资讯收集流程	市场资讯及时率 市场资讯有效率	营销中心
		科技资讯收集流程	科技资讯及时率 科技资讯有效率	研发部
		研发管理流程	研发周期 研发样品一次交验合格率 研发样品交验合格率	研发部
		中试管理流程	中试周期 中试样品一次交验合格率 研发样品交验合格率	研发部 / 生产部

（4）价值树模型图——学习成长类示例。

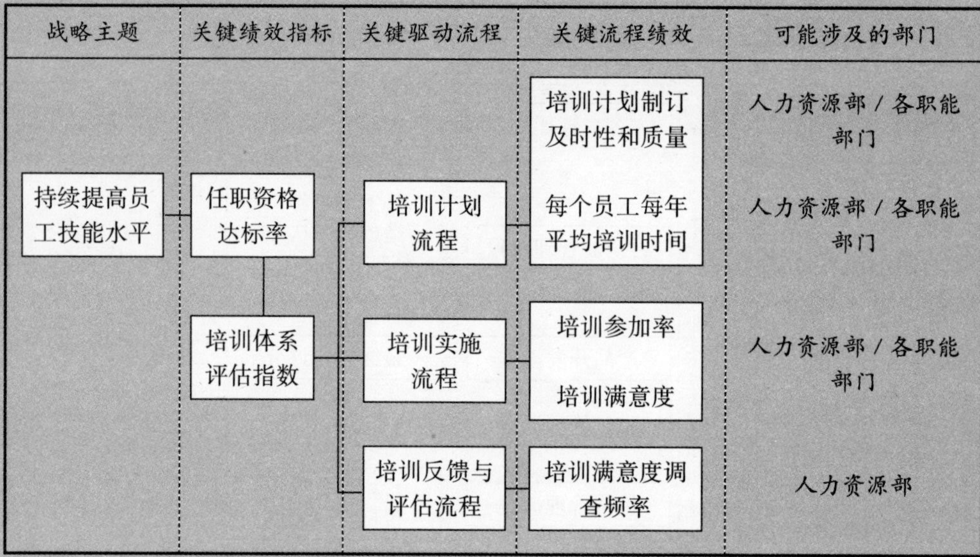

（六）建立因果关系分析表

通过价值树模型分析后，原来看似杂乱无章的指标之间就建立了因果逻辑关系。这时就可以将指标放入到平衡计分卡中。具体操作时可以使用因果关系分析表（见表 1–5）来完成这项工作。

第一步：在“战略目标”的纵栏内填写战略目标。

第二步：在“滞后 / 结果性指标”栏内填写对应的指标。

第三步：在“领先 / 驱动性指标”栏内填写对应的指标（注意应当选择那些对滞后 / 结果性最有直接驱动力的指标）。

在做该工作时，要注意滞后性指标与领先性指标之间的对应关系。

表 1-5　因果关系分析表

	战略目标	滞后 / 结果性指标	领先 / 驱动性指标
财务	2022 年实现利润 9000 万……	利润	
	2022 年产品销售收入达到 3 亿……	销售收入	
财务	2022 年实现 ×× 型产品销售收入占主营业务收入的 70%……	成本费用总额	优秀供应商比例
			新材料对降低成本的贡献
			生产定额普及率

续表

	战略目标	滞后 / 结果性指标	领先 / 驱动性指标
客户	2022 年，90% 的关键客户达到满意……	关键客户满意度	客户投诉反应速度
			客户投诉妥善解决率
	2022 年一级市场客户达到 15 家	一级市场客户数量	品牌美誉度
内部运营	2022 年，97% 的订单需求得到满足……	订单需求满足率	产能达标
			营销、生产与采购计划有效性
	2022 年产品因质量原因发生的退换货率控制在 1% 以下……	退换货率	产品一次交验合格率
			质量管理体系的建设
学习成长	2022 年实现 95% 的关键职位员工能力素质达标……	任职资格达标率	任职资格管理体系建设
			培训目标达成率
	2022 年获得 75% 的员工满意……	员工满意度	薪酬满意度 员工合理化建议采纳数量

（七）落实企业及各部门指标

各部门是实现企业战略的承接主体，在设计部门指标时要依据平衡计分卡的思想，对企业战略实现的结果和过程同样予以关注，具体可分年度指标与月度指标（也可能是季度指标、半年度指标）等进行综合设计。最后要明确哪些指标放到公司层面考核，哪些指标放到部门层面考核。通常情况下：那些结果性指标（也称为滞后性指标）放到公司层面考核，以年度考核为主；那些过程性指标（也称为驱动性指标）放到部门层面考核，以月度（季度、半年度）考核为主。

（八）指标要素设计

不管是企业级指标还是部门级指标，都需由企业内部具体的岗位来承担，因此，具体岗位的指标要素设计是构建战略绩效体系的重中之重。

一般来说，指标要素所涉及的内容有：岗位绩效考核表的设计（也有的公司称为 KPI 协议书、岗位目标责任书、岗位合约、绩效合约等，考核表的具体名称可根据企业需要而定）与考核指标的内容设计。

目前，应用比较广泛的岗位绩效考核表的设计是将定量指标 KPI（关键业绩指标，Key Performance Indicator）、定性指标 GS（工作目标设定，Goal Setting）、素质指标 CPI（能力态度指标，Competency Performance Indicator）相结合。

考核指标的内容包括：指标编号、指标名称、指标定义、计算公式（或考核评分标准）、指标的目标值、指标设定目的、责任人、数据来源、考核周期、考核指标的权重分配以及指标的计分方法等。

第三节
绩效管理机构设置

严格地说，绩效管理是由整个企业来参与的，它涉及企业的各个部门、各个层次，单靠人力资源部一个部门来运作是不行的，必须由一个统一的机构来操作，即绩效管理机构，而实际的绩效考核事务的处理则由人力资源部来完成，其他部门要积极予以配合。绩效管理组织由绩效考核、管理、执行组织三个部分组成，其管理形式如图 1–5 所示。

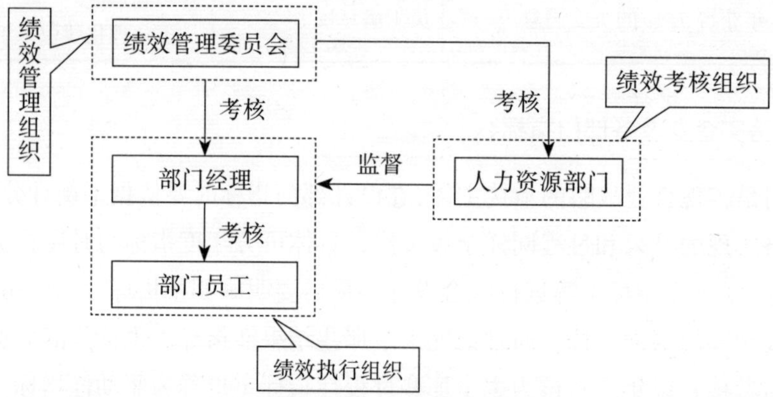

图 1-5　绩效管理组织的组成

一、绩效考核组织

绩效考核组织是负责绩效考核的部门，其职责是制定绩效考核办法，制定考核标准值等，属于人力资源管理的范畴。一般来说，组成这一组织有三部分：总经理、人力资源部经理、人力资源专员，其关系如图 1–6 所示。

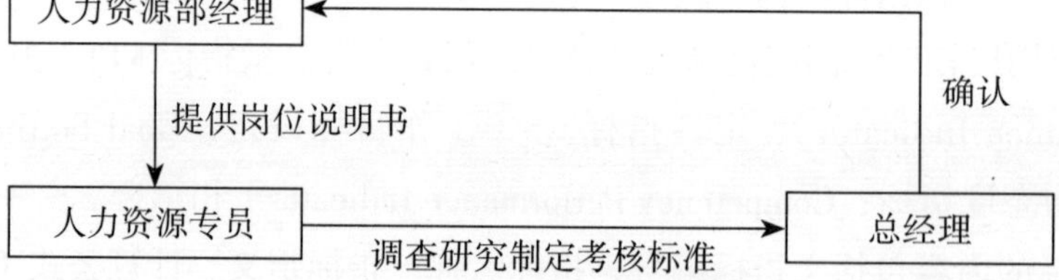

图 1-6　绩效考核组织关系图

（一）人力资源专员的职责

（1）收集、整理考核方法和考核依据等信息，根据公司考核制度制定各部门考核指标。

（2）设计考核策划方案，参与各部门考核方案的实施工作。

（3）整理和分析考核信息，反馈各部门考核结果。

（4）建立人员考核管理信息库，维护信息系统数据。

（5）收集考核中遇到的问题，提供考核体系和指标完善的建议。

（二）人力资源经理的职责

（1）制定岗位说明书。

（2）审核绩效考核标准。

（3）审核绩效考核方案。

（三）总经理的职责

（1）审批岗位说明书。

（2）审批绩效考核标准。

（3）监督整个绩效考核过程。

二、绩效管理组织

绩效管理组织的核心是总经理，主要承担以下三项任务：一是发布企业绩效管理的决议；二是赋予绩效人力资源专员的考核职责；三是监督绩效管理的过程。如图 1–7 所示。

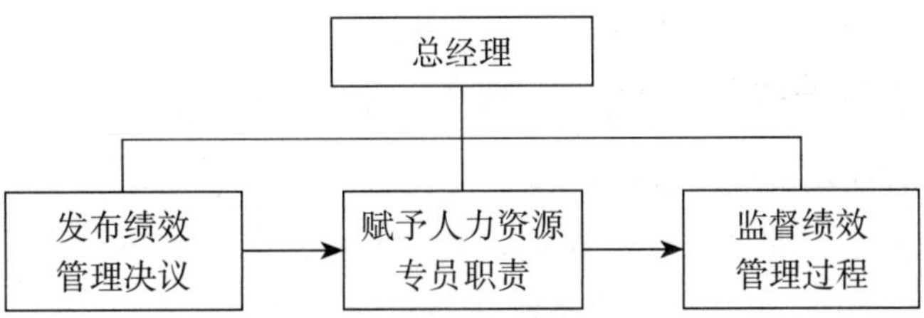

图 1-7　绩效管理组织的任务

（一）定期评估绩效的有效性

评估企业绩效的有效性，主要包括的事项如表 1–6 所示。

表 1-6 评估绩效有效性的事项

序号	事项类别	具体说明
1	战略一致性	战略一致性是指绩效管理体系与企业的战略、目标和文化的一致程度。它强调的是绩效管理体系为员工提供的一种向导，使员工能够为企业的成功作出贡献，这就要求绩效管理体系要具有充分的弹性来适应公司的战略形势所发生的变化
2	效度	效度是指绩效考核结果正确反映员工真实绩效的程度。绩效管理体系要想有效，那么其子系统绩效考核体系就必须是没有缺陷的
3	信度	信度是指绩效衡量标准的一致性程度。衡量绩效管理体系的信度常采用“评价者信度”这一指标。所谓评价者信度，是指对员工的绩效进行评价的主体之间的一致性。如果两个人对同一个人的工作绩效所做出的评价结果是一样的（或接近一样的），那么这种绩效管理体系就具有较高的评价者信度
4	可接受性	可接受性是指运用绩效管理体系的人是否能够接受它。可接受性受到员工在多大程度上认为绩效管理体系是公平的这样一种情况的影响
5	明确性	明确性是指绩效考核子系统能够在多大程度上为员工提供明确的指导，告诉他们公司对他们的期望是什么，以及如何才能达到这些期望的要求

（二）发布绩效决议

发布绩效决议必须由总经理会签，并且在企业例会上公布，而且要所有管理层知晓。

（三）选择合适的人力资源专员

一般来说，人力资源专员要具备如下条件。

（1）人力资源、中文、经济管理、行政管理等专业，有一年以上相关工作经验，具备一定的组织管理能力。

（2）熟练使用计算机应用软件 Word、PowerPoint 及各种办公设备。

（3）精通 Excel，能熟练高效地制作各类销售数据分析报表。

（4）责任心强，工作细致、严谨，有亲和力，团队意识强。

三、绩效执行组织

绩效执行组织对员工的考核，一般来说，有以下三种考核方式，如图 1-8 所示。

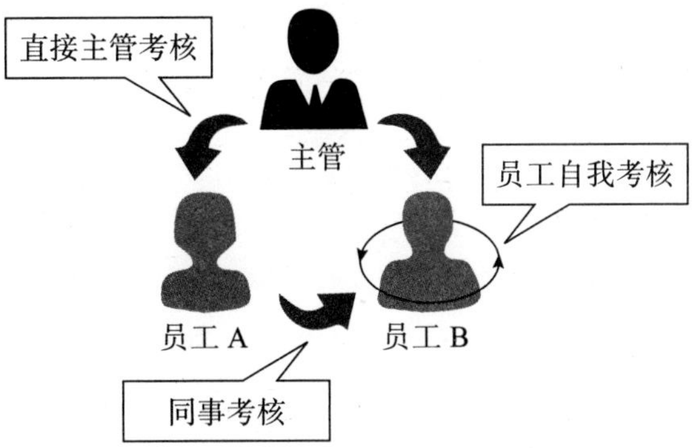

图 1-8　员工考核方式

（一）直接主管考核

员工的直接主管对员工每天的工作表现会有全面的了解。因此，直接主管通常是最好的考核人员。他们会提供有关员工的日常工作表现、工作缺点和潜力的各种信息，并能从组织目标的角度来评价员工个人的工作绩效。

在大多数企业里，员工的直接主管是负责其工资晋级和工作晋升的。如果由直接主管对员工进行考核，可以将员工的工作表现与奖励结合在一起。直接主管作为考核人员的主要缺点是：直接主管的个人偏见、与员工的矛盾或私人交情等，将影响到对工作表现评价的客观性和公正性。

（二）员工自我考核

在组织员工进行自我绩效评价时，应注意以下几点。

（1）对员工正确的自我评价进行激励，告诉员工评价的结果要与其他评价结果进行比较。

（2）员工按照一个相对标准（如平均以下、平均、平均以上）来进行评价，而不是让其按照一些绝对标准（如优秀、良好、差）来评价。

（3）对员工进行绩效反馈。

（4）对评定结果保密，直到自我评价结果的偏差得到纠正。

（三）同事考核

在团体项目工作中，该员工的贡献、沟通信息的能力、可靠性、主动性等，通常要由其同事给予评价。由于同事与该员工密切的工作关系和日常频繁的接触，他们更能对员工的工作表现做出准确的评价。一是可补充主管的考核，二是可帮助消除偏见。但如果对员工的奖励具有竞争性，并以同事的评价作为部分依据的话，这将在员工之间造成利益冲突，可能会影响到考核的效果。

第二章

绩效管理模式

章前概述

绩效管理的模式有许多，最典型的有360度绩效反馈评价、基于素质的绩效考核、基于目标的绩效考核、基于KPI 的绩效管理、基于BSC 的绩效考核等考核模式。

思维导图

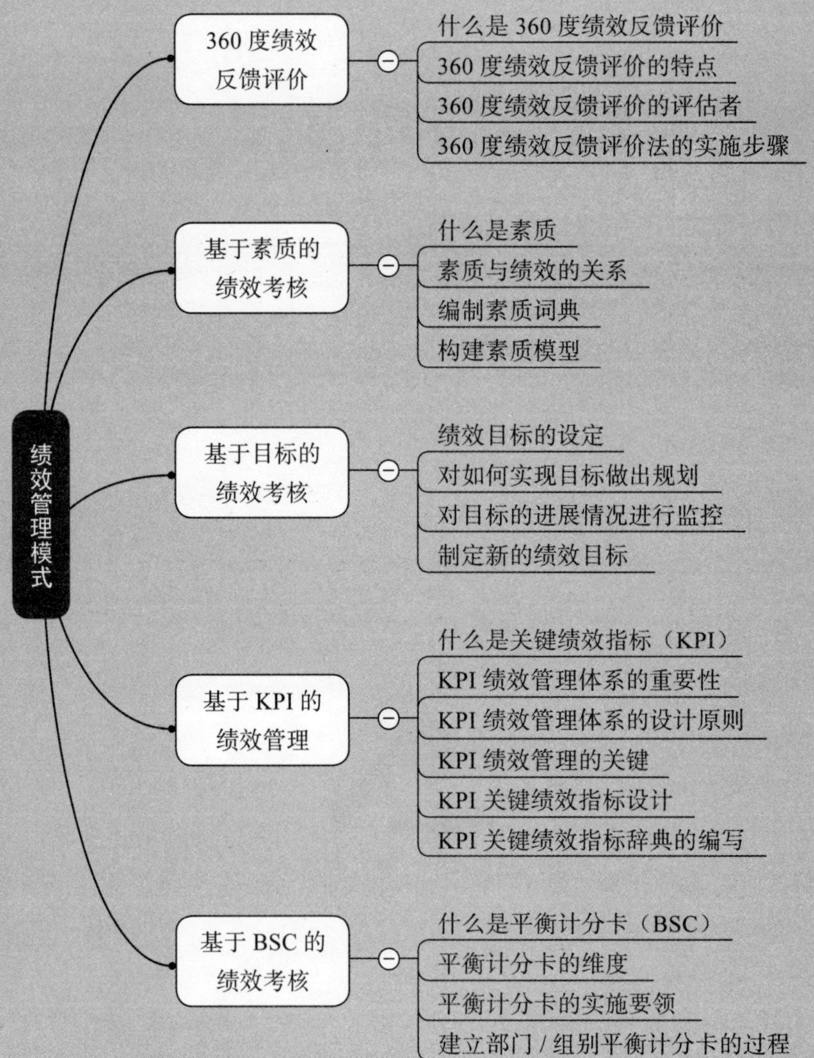

第一节
360度绩效反馈评价

一、什么是360度绩效反馈评价

360度绩效反馈评价，又称“360度绩效考核法”或“全方位考核法”，由英特尔公司首先提出并加以实施。360度绩效反馈是指由员工自己、上司、直接部属、同仁同事甚至顾客等全方位多角度评价个人的绩效，评价员工的沟通技巧、人际关系、领导能力、行政能力等。通过这种理想的绩效评估，被评估者不仅可以从上司、部属、同事甚至顾客处获得多种角度的反馈，也可从这些不同的反馈中清楚地知道自己的不足、长处与发展需求，使以后的职业发展更为顺畅。

二、360度绩效反馈评价的特点

（一）全方位

360度绩效反馈评价的评价者来自不同层面，对被评价者的了解更深入、更全面，得到的信息更准确。运用多侧度的反馈评价可以减少个人偏见及评分误差，评价结果更加准确。同时，员工对管理者的直接评价也促进了员工参与管理，进而可以提高员工的满意度。

（二）基于胜任特征

胜任特征是指能将某一工作（或组织、文化）中表现优秀者与表现平平者区分开来的个体潜在的深层次特征，它是工作行为设计的依据。反馈评价的界定标准不是合格与否，而是区分表现优异者和平平者的胜任特征，360度绩效反馈评价要素的设计依据就是各职位的胜任特征评价模型。

（三）评估者的匿名性

为了保证评价结果的可靠性，减少评价者的顾虑，一般采用匿名的方法。同时，为了使参与者能够客观地进行评价，还要进行专门的评分方法训练。

（四）多侧度反馈

员工对自身的了解并不全面，自我知觉通常不准确。多侧度的反馈能够帮助个体调整自我知觉、自我评价，增强个体的自我意识，提高自我管理效能。360 度反馈评价强调及时、客观的反馈，能够促使被评价者正确地认识自我，改善行为表现。

（五）促进发展

360 度绩效反馈评价的结果反馈中，均有个人发展计划和指导栏，这些咨询意见和建议一旦被评价者接受，就能够促进个人的职业生涯发展。同时，360 度绩效反馈评价还能够增强企业的竞争优势，有助于强化企业的核心价值观。

三、360度绩效反馈评价的评估者

360 度绩效反馈评价可称为多源评估或多评价者评估，不同于自上而下，由主管评定下属的方式。在这一模式中，评价者不仅仅是被评价者的上级主管，还可以包括其他与之密切接触的人员，如同事、下属、客户等，同时包括被评价者的自评。360 度绩效考核评估的评价者如图 2–1 所示。

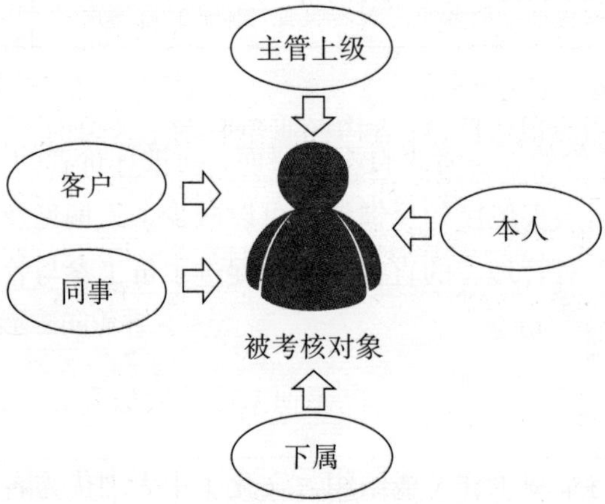

图 2-1　360 度绩效反馈评价的评价者

（一）主管上级

从一个主管上级那里获得对其下属员工的工作绩效考评相对来说较为容易，因为直接领导通常处在最佳位置观察员工的工作业绩，同时，主管人员对考评的内容也比较熟悉。

（二）客户

因为企业的成功或失败不是以老板或副总裁或首席执行官高兴与否为评判标准

的。当企业能让付款买东西的顾客高兴的话，企业就会成功。所以客户的评价非常重要，尤其对从事服务业、销售业的人员特别重要。

（三）同事

同事的评价是指由同事互评绩效的方式来达到绩效评估的目的。对某些工作而言，有时主管与下属相处的时间与沟通机会，反而没有同事之间多。在这种主管与下属接触的时间不多，彼此之间的沟通也非常少的情况下，主管要对下属进行绩效评估也就非常困难。但相反地，同事间在一起工作的时间很长，所以他们相互间的了解反而会比主管与下属更多。此时，他们之间的互评，反而能比较客观。

（四）下属

下属人员以不署名的方式参与到对他们的主管人员的工作绩效考评过程之中，这可以使企业管理高层对企业的管理风格进行诊断，尽早发现企业潜在的人事问题。

（五）本人

被考评者本人需要了解自己在工作中哪些做得好，哪些是他们需要改进的。他们如果清楚企业期望他们取得的目标以及将来考评他们采用的标准，他们在很大程度上会客观地评价自己的工作业绩，并采取必要的措施加以改进。

一般情况下，评分表都是以无记名的方式收集的，以使评价者能轻松诚实地评分。然后评分表由人或由计算机程序分别进行汇总。360 度评价后，员工最好能有机会就评分情况同主管谈一次。

四、360度绩效反馈评价法的实施步骤

360 度绩效反馈评价法实施的一般步骤如表 2-1 所示。

表 2-1　360 度绩效反馈评价的实施步骤

序号	步骤	说明
1	需求和可行性的调查和分析	在使用 360 度绩效反馈评价法之前，要进行需求分析和可行性分析。在确定实施该模式后，应编制基于职位胜任特征模型的调查问卷，这些问卷可以针对本企业的特殊要求来编制，也可以向咨询公司购买成型的问卷，但不能简单搬用其他国家和不同行业的问卷
2	组建 360 度评估队伍	对于评价者的选择，无论是由被评价者自己选择还是由上级指定，都应该得到评价者的同意，这样才能保证被评价者对结果的认同和接受

续表

序号	步骤	说明
3	培训和指导	对被选拔的评价者进行反馈和评估方法的培训和指导。对被评价者进行接受他人反馈的培训，可以采用讲座和个别辅导的方法进行，以建立对于评价目的和方法的可靠性的认同
4	数据处理和结果报告	目前，已有专门的360度绩效反馈评价软件对统计评分和报告结果提供支持，包括多种统计图表的绘制和及时呈现，使用起来相当方便。企业管理部门针对反馈的问题制订行动计划，也可由咨询公司协助实施，由他们独立进行数据处理和结果报告
5	效果评价	评价效用效果就是客观评价这种方法的效果。同时，应当总结评价中的经验和不足，找出存在的问题，不断完善整个评价系统

由于360度绩效反馈评价中包括下属、同事及其他人员的评价，要检查数据收集过程是否符合测试要求。在数据处理时，还应当考虑不同测评评价准确性的差异。

范本

360度反馈评价调查问卷（适用于经理级以上岗位）

指导语

您是被评价者的（请在对应“□”打“√”）：

□上级　□自己　□同事　□下属　□其他

被评价者的直接上级：__________，请于______年____月____日前填写此表并发至总经理专用邮箱：________________。

是否同意让员工知道您的反馈意见：□同意　□不同意

本问卷通过对工作行为的评估，帮助被评价者从多方面更清楚地了解自身的工作行为情况和未来工作发展需要，从而为被评价者改进工作绩效和发展职业生涯提供指导。

现邀请您就我们想了解的项目为该员工提供意见反馈，请确保您的评价是客观公正的，并且对该员工的进步和成长是有帮助的。

我将综合您及其他客户的反馈意见和人力资源部的观察对员工进行评估。我们将尊重您的意见决定是否让员工知道您对他/她的具体评价。

请您在问卷所提供的“绩效衡量尺”的选择项后的评价结果栏打“√”，对被评估者的工作表现进行评价，同时请回答问卷末的开放式问题。

由于您是以匿名的方式提供反馈和评语，因此，请不要有任何顾虑。您的评价结果非常重要，希望您务必真实地提供您的意见。为了保证调查的质量，在填答中，请根据要求，选择最符合被评价者行为表现的等级。

分值与行为等级如下。

S——5：这个水平的人员将被当作该项胜任素质的岗位榜样。他们一贯地表现出所有胜任和优异的行为。

A——4：如果该人被认定为完全胜任，有时还表现优秀，那么该人将被评定为表现出色。

B——3：如果有超过5个选勾打在了可以胜任的方格里，且不合格的方格中一个勾也没有，那么该人员在该绩效衡量尺中将被评定为完全胜任。

C——2：如果评分同时落在表现不好和正在进步的范围里，这说明出现了一种混合行为。这有可能是由于该人是该岗位的新人，或者以前没有利用过这方面的胜任素质。被评为有混合行为的人员将接受指导和发展，上级经理有责任协助他们将自己的表现提升到可以胜任的水准。

D——1：如果大多数的选勾都打在这个范围里，那么该人员将被评定为表现不好。被评为表现不好的人员将需要制定一份行动计划，上级经理有责任帮助他们将自己的表现提升到一个可以接受的水准。

考评项目索引如下。

序号	绩效衡量尺	权重	适用范围	考核周期
1	团队合作	40%	全体员工	季度 / 半年度 / 年度
2	纪律性	20%	全体员工	季度 / 半年度 / 年度
3	承诺与态度	40%	部门副经理级以下	季度 / 半年度 / 年度
4	团队管理	40%	部门副经理级及以上	半年度 / 年度

谢谢您的合作！

被评价者信息如下。

姓名：________________　所在部门：________________

职位名称：______________　入职日期：________________

此表适用于经理级及以上岗位。（注：评价时，在每一衡量尺不同等级—项目下选择对应的七个行为。）

<table>
<tr><th>序号</th><th>衡量尺</th><th>等级</th><th>项目</th><th>工作行为表现</th><th>评价结果</th><th>每项分值</th><th>权重</th></tr>
<tr><td rowspan="21">1</td><td rowspan="21">团队管理</td><td rowspan="7">不合格</td><td>1.1</td><td>不推动下属努力超越他们轻而易举能够做好的工作内容以获得更好的表现</td><td></td><td rowspan="7">1分</td><td rowspan="21">40%</td></tr>
<tr><td>1.2</td><td>不能对每个个人的表现或潜力作出客观的评价</td><td></td></tr>
<tr><td>1.3</td><td>向下属传达消极的信息时感到不舒服，且因此避免这样做，从而损害了业务或团队的表现</td><td></td></tr>
<tr><td>1.4</td><td>一对一地管理下属</td><td></td></tr>
<tr><td>1.5</td><td>不召开团队会议</td><td></td></tr>
<tr><td>1.6</td><td>不知道或不理解什么能够激励他人</td><td></td></tr>
<tr><td>1.7</td><td>不理解激励的概念及具体应该怎么做</td><td></td></tr>
<tr><td rowspan="7">可以胜任</td><td>2.1</td><td>考虑问题从“我们”“大家”和“团队”的角度出发，而不是单从“我”的角度出发</td><td></td><td rowspan="7">3分</td></tr>
<tr><td>2.2</td><td>营造出每个人员都希望做到最好的环境，使整个团队受到激励和鼓舞</td><td></td></tr>
<tr><td>2.3</td><td>使每个人都感到他们工作的重要性，并在他们做出额外努力时对他们说“谢谢”</td><td></td></tr>
<tr><td>2.4</td><td>明确地在分派任务责任和决定的同时，指明期望的结果和标准</td><td></td></tr>
<tr><td>2.5</td><td>招收、培训和保留有才能的员工</td><td></td></tr>
<tr><td>2.6</td><td>认识到团队中需要有不同技能、经验和背景的多样化人才，并充分利用每个人的长处</td><td></td></tr>
<tr><td>2.7</td><td>协助团队处理内部矛盾</td><td></td></tr>
<tr><td rowspan="7">优异</td><td>3.1</td><td>有效改变麻烦制造者和表现差的员工的行为和表现</td><td></td><td rowspan="7">5分</td></tr>
<tr><td>3.2</td><td>是一个其他人员希望为他工作的经理</td><td></td></tr>
<tr><td>3.3</td><td>可以激发所有直接汇报者和团队的潜力</td><td></td></tr>
<tr><td>3.4</td><td>团队有士气，有看得见的团队精神及快乐的感觉</td><td></td></tr>
<tr><td>3.5</td><td>在团队中引导建立共同动机，并使团队成员保持良好精神状态</td><td></td></tr>
<tr><td>3.6</td><td>团队有高水准的自我认识，能够了解成员的优点和发展需要，并充分利用这些因素以达到团队利益的最大化</td><td></td></tr>
<tr><td>3.7</td><td>团队绩效不完全依靠其中一员，有证据表明当某一主要成员离开后，团队的表现没有变差</td><td></td></tr>
</table>

续表

序号	衡量尺	等级	项目	工作行为表现	评价结果	每项分值	权重
2	团队合作	不合格	1.1	注意自己忽略别人		1分	40%
			1.2	不乐于分享信息、知识或技能			
			1.3	依赖其他团队成员的努力，不全力投入项目或任务——其他人不能信任其本人工作的结果			
			1.4	除非被发现，否则不对自己的错误负责			
			1.5	不愿意帮助他人完成团队目标			
			1.6	不承认他人的贡献			
			1.7	在团队中议论他人，散布闲言碎语			
		可以胜任	2.1	在工作小组和团队中对他人表示信任和尊重		3分	
			2.2	以积极的态度做出重要贡献			
			2.3	时刻准备帮助他人以确保能够完成团队的目标			
			2.4	任何时候都乐于分享知识、技能和想法			
			2.5	对自己的工作负责，受到信赖并能够说到做到			
			2.6	直接迅速地解决和他人可能发生的矛盾，不听信或散布关于他人的谣言			
			2.7	认可并感激他人的贡献		5分	
		优异	3.1	能够并乐于迅速地、有效地、积极地解决分歧或不同意见			
			3.2	在危急的情况下积极工作			
			3.3	为了达到完全有效地参与或折衷，做一切能做的努力			
			3.4	认识到其他团队成员的长处，一旦有需要时积极地寻求他们的协助			
			3.5	能广泛地与其他职位人员合作			
			3.6	有帮助地有建设性地提供协助			
			3.7	表现出能够激发他人的对团队（以及其共有的目标）的奉献精神			

续表

<table>
<tr><th>序号</th><th>衡量尺</th><th>等级</th><th>项目</th><th>工作行为表现</th><th>评价结果</th><th>每项分值</th><th>权重</th></tr>
<tr><td>3</td><td>纪律性</td><td colspan="2">该项由人力资源部员工填写</td><td>从该员工日常行为表现对周围事务（同事及办公环境）的影响（积极或消极方面）考虑，
您将对该员工作何评价？
5——在遵循公司的规章制度方面表现出色，且能够在团队中树立榜样；
4——表现很满意，但还可努力做得更好；
3——无迟到 / 早退 / 旷工行为；
2——迟到 / 早退 / 旷工 1 次 / 月；
0——迟到 / 早退 / 旷工 3 次或以上 / 月
采用关键事件法：列举本考核期内被考核者的具体纪律行为表现
签名：　　　　日期：</td><td></td><td colspan="2">20%</td></tr>
<tr><td colspan="4">对被考评者本次考核的评语</td><td colspan="4">采用关键事件法：列举本考核期内被考核者工作值得表扬或批评的关键事件
签名：　　　　日期：</td></tr>
<tr><td colspan="4">评估结果</td><td colspan="4">[总分]________________</td></tr>
</table>

范本

360 度反馈评价调查问卷（适用于经理级以下岗位）

指导语

您是被评价者的（请在对应“□”打“√”）：

□上级　□自己　□同事　□下属　□其他

被评价者的直接上级：__________，请于______年____月____日前填写此表并发至总经理专用邮箱：________________。

是否同意让员工知道您的反馈意见：□同意　□不同意

本问卷通过对工作行为的评估，帮助被评价者从多方面更清楚地了解自身的工作行为情况和未来工作发展需要，从而为被评价者改进工作绩效和发展职业生涯提供指导。

现邀请您就我们想了解的项目为该员工提供意见反馈，请确保您的评价是客观公正的，并且对该员工的进步和成长是有帮助的。

我将综合您及其他客户的反馈意见和人力资源部的观察对员工进行评估。我们将尊重您的意见决定是否让员工知道您对他/她的具体评价。

请您在问卷所提供的“绩效衡量尺”的选择项后的评价结果栏打“√”，对被评估者的工作表现进行评价，同时请回答问卷末的开放式问题。

由于您是以匿名的方式提供反馈和评语，因此，请不要有任何顾虑。您的评价结果非常重要，希望您务必真实地提供您的意见。为了保证调查的质量，在填答中，请根据要求，选择最符合被评价者行为表现的等级。

分值与行为等级如下。

S——5：这个水平的人员将被当作该项胜任素质的岗位榜样。他们一贯地表现出所有胜任和优异的行为。

A——4：如果该人被认定为完全胜任，有时还表现优秀，那么该人将被评定为表现出色。

B——3：如果有超过5个选勾打在了可以胜任的方格里，且不合格的方格中一个勾也没有，那么该人员在该绩效衡量尺中将被评定为完全胜任。

C——2：如果评分同时落在表现不好和正在进步的范围里，这说明出现了一种混合行为。这有可能是由于该人是该岗位的新人，或者以前没有利用过这方面的胜任素质。被评为有混合行为的人员将接受指导和发展，上级经理有责任协助他们将自己的表现提升到可以胜任的水准。

D——1：如果大多数的选勾都打在这个范围里，那么该人员将被评定为表现不好。被评为表现不好的人员将需要制定一份行动计划，上级经理有责任帮助他们将自己的表现提升到一个可以接受的水准。

考评项目索引如下。

序号	绩效衡量尺	权重	适用范围	考核周期
1	团队合作	40%	全体员工	季度/半年度/年度
2	纪律性	20%	全体员工	季度/半年度/年度
3	承诺与态度	40%	部门副经理级以下	季度/半年度/年度
4	团队管理	40%	部门副经理级及以上	半年度/年度

谢谢您的合作！

被评价者信息如下。

姓名：＿＿＿＿＿＿＿＿　所在部门：＿＿＿＿＿＿＿＿

职位名称：＿＿＿＿＿＿＿＿　入职日期：＿＿＿＿＿＿＿＿

此表适用于经理级以下岗位。（注：评价时，在每一衡量尺的不同等级—项目下选择对应的七个行为。）

序号	衡量尺	等级	项目	工作行为表现	评价结果	每项分值	权重
1	承诺与态度	不合格	1.1	没有付出100%的努力，只做最必须要完成的工作，留下未完成的工作，粗心匆忙，抱着“差不多就可以了”态度		1分	40%
			1.2	如果个人意见与团队的决定或目标不一致，即使它们对于公司/团队有最大利益，也不支持这些决定和目标			
			1.3	对企业目标抱消极态度			
			1.4	消极态度可能造成对其他团队成员的不利影响或情绪破坏			
			1.5	不乐于助人也不乐于接受别人的帮助			
			1.6	不从错误中吸取教训			
			1.7	在没有严格管理的情况下不能有效地工作			
		可以胜任	2.1	总是付出最大的努力		3分	
			2.2	如果某个决定对公司/团队有利，即使与其个人意见不一致，仍然全力支持			
			2.3	在不被要求提供信息时也能发现需要沟通的问题			
			2.4	寻找新方法并具有推广积极性			
			2.5	始终要求自己和他人提交解决结果			
			2.6	注重自己工作的质量和按时完成的能力，为自己设置高标准，从错误中吸取教训，从不再犯			
			2.7	沟通时直接、明了、诚恳，并考虑到他人的感受			
		优异	3.1	完成工作职能时“远远高出”工作说明中的要求		5分	
			3.2	寻找更新更好的工作方法			
			3.3	对公司和自己的工作职能应该达到的目标都充满热情			
			3.4	为确保没有未完成的工作做出“额外的努力”			
			3.5	总能成功地完成目标，不会令人失望			
			3.6	为团队带来积极的影响——从根本上激发其他人员也做出“额外的努力”			
			3.7	接受变化并积极地寻求推广积极性，被认为是面对必要的变化时积极的乐观的冠军			

续表

序号	衡量尺	等级	项目	工作行为表现	评价结果	每项分值	权重
2	团队合作团	不合格	1.1	注意自己忽略别人		1 分	40%
			1.2	不乐于分享信息、知识或技能			
			1.3	依赖其他团队成员的努力，不全力投入项目或任务——其他人不能信任其本人工作的结果			
			1.4	除非被发现，否则不对自己的错误负责			
			1.5	不愿意帮助他人完成团队目标			
			1.6	不承认他人的贡献			
			1.7	在团队中议论他人，散布闲言碎语			
		可以胜任	2.1	在工作小组和团队中对他人表示信任和尊重		3 分	
			2.2	以积极的态度做出重要贡献			
			2.3	时刻准备帮助他人以确保能够完成团队的目标			
			2.4	任何时候都乐于分享知识、技能和想法			
			2.5	对自己的工作负责，受到信赖并能够说到做到			
			2.6	直接迅速地解决和他人可能发生的矛盾，不听信或散布关于他人的谣言			
			2.7	认可并感激他人的贡献			
		优异	3.1	能够并乐于迅速地、有效地、积极地解决分歧或不同意见		5 分	
			3.2	在危急的情况下积极工作			
			3.3	为了达到完全有效地参与或折衷，做一切能做的努力			
			3.4	认识到其他团队成员的长处，一旦有需要时积极地寻求他们的协助			
			3.5	能广泛地与其他职位人员合作			
			3.6	有帮助地有建设性地提供协助			
			3.7	表现出能够激发他人的对团队（以及其共有的目标）的奉献精神			
3	纪律性	该项由人力资源部员工填写		从该员工日常行为表现对周围事务（同事及办公环境）的影响（积极或消极方面）考虑， 您将对该员工工作何评价？ 5——在遵循公司的规章制度方面表现出色，且能够在团队中树立榜样； 4——表现很满意，但还可努力做得更好； 3——无迟到／早退／旷工行为；		20%	

续表

序号	衡量尺	等级	项目	工作行为表现	评价结果	每项分值	权重
3	纪律性	该项由人力资源部员工填写		2——迟到 / 早退 / 旷工 1 次 / 月； 0——迟到 / 早退 / 旷工 3 次或以上 / 月 采用关键事件法：列举本考核期内被考核者的具体纪律行为表现 签名：　　　　日期：			20%
对被考评者本次考核的评语				采用关键事件法：列举本考核期内被考核者工作值得表扬或批评的关键事件 签名：　　　　日期：			
评估结果				[总分] ______			

第二节 基于素质的绩效考核

美国社会心理学家戴维·麦克兰德在美国《心理学杂志》上发表论文，论证了行为品质和特征比潜能测试能够更有效地决定人们工作绩效水平的高低。自此，企业开始以素质为基础进行绩效考核，不再将目光仅仅关注于知识、经验和技能等可以直接观察到的信息，而是更加关注于那些隐藏在冰山之下、不为人们直接观察但却对绩效水平起决定作用的部分。

一、什么是素质

素质是驱动一个人产生优秀工作绩效的各种个性特征的集合，它反映的是可以通过不同方式表现出来的个人知识、技能、个性与内驱力等。这是判断一个人能否胜任某项工作的起点，也是决定和区别绩效差异的个人特征。

（一）素质的冰山模型

素质的冰山模型如图 2-2 所示。

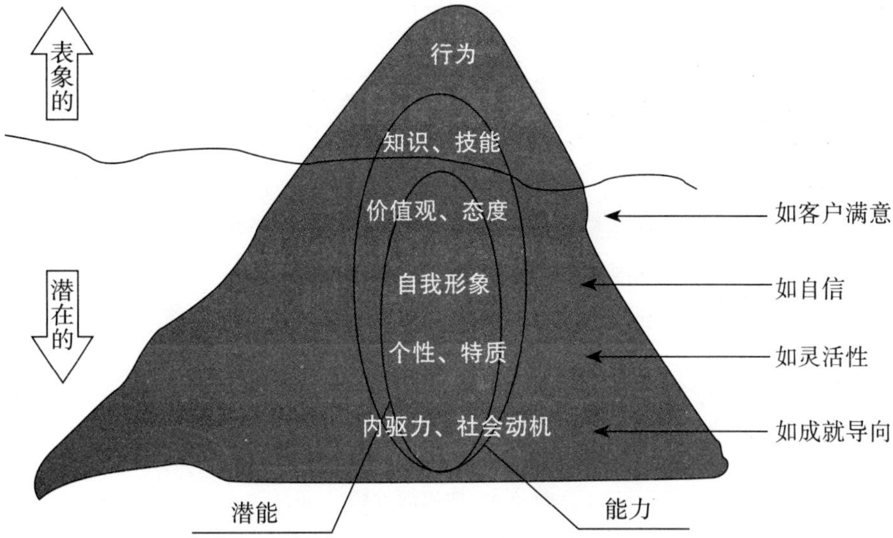

图 2-2　素质的冰山模型

在如图所示的冰山模型中，我们可以看到，一个人的素质也是分层分级的，从最表层浮于冰山之上的技能和知识，到最底层难以用一般方法测得的品质及动机，越靠近冰山的底部，对其潜在业绩产出的影响就越大，也就越难以在后天学习得到和提高。

（二）素质的构成要素释义

素质的构成要素如表 2–2 所示。

表 2-2　素质的构成要素释义

序号	构成要素	说明
1	动机	动机是推动个人为达到一定目标而采取行动的内驱力
2	内驱力	内心自然持续而强烈的想法或偏好，它将驱动、引导和决定一个人的外在行为
3	个性、特质	个性、特质是一个人表现出来的对外部环境与各种信息等的反应方式，是持续而稳健的行为与心理特征
4	自我形象	自我形象是指个人对其自身的看法和评价
5	价值观	价值观是指一个人对周围的客观事物（包括人、事、物）的意义、重要性的总评价和总看法
6	态度	态度是一个人的自我形象、价值观以及社会角色综合作用外化的结果，它会根据环境变化而变化
7	知识	知识是指一个人在某一个特定领域拥有的事实型与经验型信息
8	技能	技能是指一个人结构化地运用知识完成某项具体工作的能力

（三）素质的分类

素质可分为通用素质、可迁移素质、专业素质，具体如图 2–3 所示。

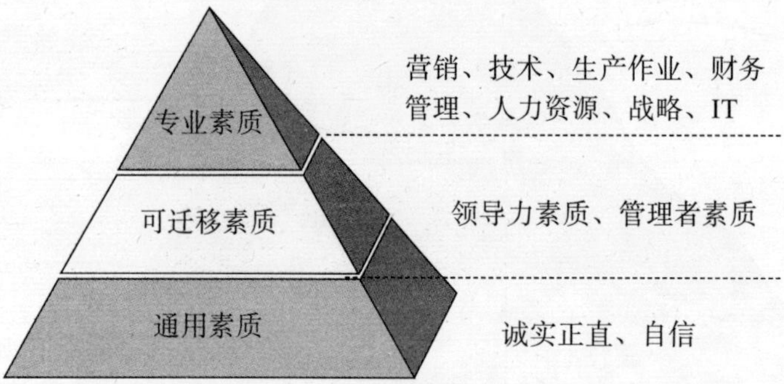

图 2-3 素质的分类

二、素质与绩效的关系

素质是导致绩效出众者和绩效平平者之间产生区别的根本因素，员工的素质对工作绩效的影响如图 2–4 所示。

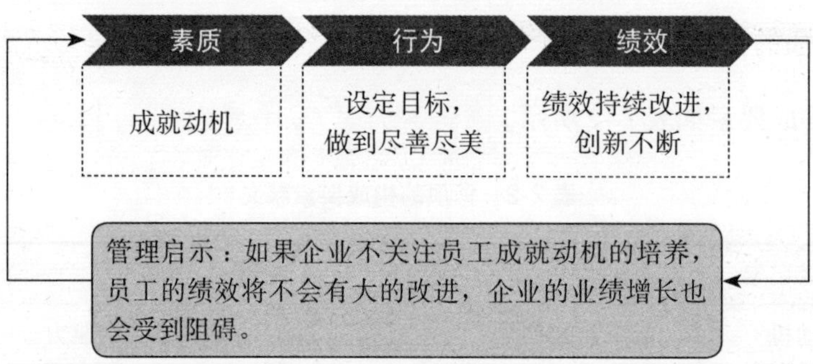

图 2-4 员工的素质对工作绩效的影响

从投入产出的角度而言，动机、个性、自我形象、价值观、社会角色、态度以及知识与技能等都决定并作用于人的行为进而最终驱动绩效的产生，而素质构成要素之间则以潜在的部分“推动”或“阻碍”表象的部分的方式，影响素质作用于行为的过程甚至结果，如图 2–5 所示。

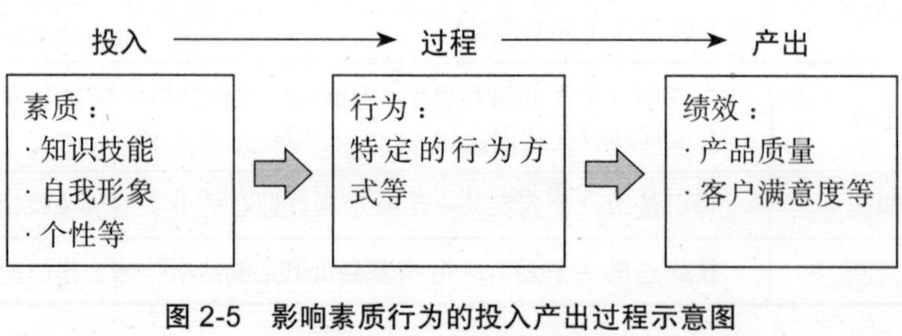

图 2-5 影响素质行为的投入产出过程示意图

以上所涉及的素质与行为不仅可以指向个体，也适用于一个团队或者部门，而企业整体的战略目标就是通过这些素质与行为相互作用所产生的绩效，以及绩效之间的内在驱动关系实现的。

因此，基于员工素质与企业战略目标实现的关系，一方面，企业要选择具备相应素质的员工实现并完成对企业的目标承诺；另一方面，员工也要在识别了解自身素质的基础上，选择并从事适合其素质发挥作用的工作或职位，从而获得个人在企业的职业发展与价值实现。

以素质为基准进行绩效评估，首先需要根据企业的实际情况对素质进行定义，也就是所谓的编制素质词典，然后根据具体的需要，选择相应的岗位建立能够保证高绩效的素质模型，以此为基础对员工进行素质评估，并将评估结果运用到招聘筛选、人员配置、培训开发、绩效改进、继任计划、职业生涯开发等人力资源管理的各个模块中去，如图 2–6 所示。

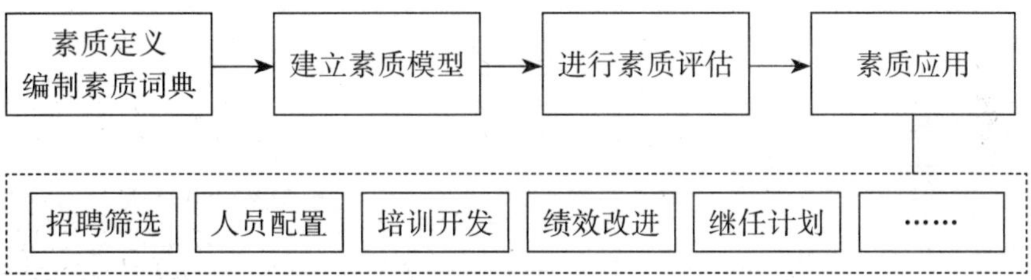

图 2-6　以素质为基准的绩效评估示意图

通过上图可以知道，实施以素质为基准的绩效考核，应该按这样的基本程序来进行。总结如下。

（1）首先编制素质词典。

（2）建立本组织的素质模型。

（3）实施绩效考核，并把考核结果应用到人力资源管理的各个模块。

三、编制素质词典

编制素质词典不只是一个费时费力的艰苦过程，它更是一个专业化程度非常高的过程。企业通常的做法是与研究机构或咨询公司进行合作，借助他们既有的研究成果，结合企业的实际，构建素质的基本框架，并进一步细化具体的素质要素，最终编制素质词典。

在此着重介绍美国 Hay 公司于 1996 年出版的素质词典，该素质词典是世界范围内迄今为止研究最为通透、公认最好的词典之一，包括 IBM、联合利华等世界 500 强在内的全球知名企业都在使用这一词典。收录在 1996 年版词典里的素质分为以下几大类。

（一）通用的核心素质

通用的核心素质共有18个，它们共同构成了素质词典的基本框架，这些通用素质被应用于各种素质模型中，员工个人素质的评估也往往是对这18个素质的评估。通用的核心素质如表2–3所示。

表2-3　通用的核心素质

序号	素质名称	提示
1	成就导向（ACH）	是否考虑要满足并超过既定目标，为达所期好处是否肯冒一定风险
2	演绎思维（AT）	是否理解因果关系链
3	归纳思维（CT）	是否可看出事物的类比模式，并把许多不相关的片段、事件归纳成有机的整体，是否善于创造出新方法看待事物
4	服务精神（CSO）	是否能设身处地为顾客着想、行事
5	培养人才（DEV）	是否具有长期培养人才的特点（不仅只在技巧上）
6	监控能力（DIR）	是否能设立坚定的行为标准并指派人去完成
7	灵活性（FLX）	能否在需要的时候改变策略或放弃原定目标
8	影响能力（IMP）	是否特意采用影响策略或战术
9	收集信息（INF）	是否想出多种方法去获得信息
10	主动性（INT）	是否有前瞻性、能对未来的需求和机会作出反应
11	诚实正直（ING）	在与自己坚信的人生信条及价值观相冲突时，这人是否能坚持正义
12	人际理解能力（IU）	在无言无声的情况下，是否能知道别人在想什么、感觉怎样
13	组织意识（OA）	是否对组织的政治和结构非常敏感
14	献身组织精神（OC）	能否与上级组织的标准、需要及目标保持一致
15	关系建立（RB）	是否能主动去建立人际关系
16	自信（SCF）	是否敢冒险接受任务或敢于提出与上级或有权势的人不同的意见
17	领导能力（TL）	是否能领导人们有效地在一起工作
18	合作精神（TW）	是否能促进自己所在团队的运作

（二）补充及个性化通用素质

尽管补充及个性化通用素质也有效且可靠，但它们在素质库中出现和使用的频率却大大低于通用的18个素质，而且它们主要出现在一些低层的管理者身上。因此这些素质只是在必要时候才进行分析。

（三）可能出现的素质

可能出现的素质仅仅来自某一些访谈对象，它们往往是应某些企业的特定要求而开发的，暂时缺乏通用素质的广泛适用性。但由于它们在某些特定的模式中被证明是可靠的，因此不能排除它在其他模式中也有适用的可能性。

四、构建素质模型

素质模型就是为了完成某项工作，达到某一绩效目标，要求任职者具备的一系列不同素质要素的组合，其中包括不同的动机表现、个性和品质、自我形象、社会角色特征以及知识与技能水平。

构建员工素质模型，可以帮助企业管理者判断并发现导致员工绩效好坏差异的关键驱动因素，进而成为指导员工改进并提高绩效的基点。

（一）素质模型的类型

1. 麦克利兰的素质模型

美国心理学家麦克利兰经过研究提炼并形成了 21 项通用素质要素，并将 21 项素质要素划分为 6 个具体的素质族，同时依据每个素质族对行为与绩效产生影响的显著程度划分为 2 ～ 5 项具体的素质。6 个素质族及其包含的具体素质如表 2–4 所示。

表 2-4　麦克利兰素质模型包含的素质族

序号	素质族	具体素质
1	管理族	包括团队合作、培养人才、监控能力、领导能力等
2	认知族	包括演绎思维、归纳思维、专业知识与技能等
3	自我概念族	包括自信等
4	影响力族	包括影响力、关系建立等
5	目标与行动族	包括成就导向、主动性、信息收集等
6	帮助与服务族	包括人际理解力、客户服务等

2. 管理者胜任特征模型

胜任力是指任何直接与工作绩效有关的个体特质、特点或技能等，在本质上也就是应该具备的素质组合。有学者利用物元分析和可拓评价方法建立了基于管理技能、个人特质和人际关系 3 个维度的胜任特模型，见表 2–5。

表 2-5　胜任特征模型的 3 个维度

序号	维度	具体素质
1	管理技能	包括团队领导、决策能力、信息寻求和市场意识等
2	个人特质	包括影响力、自信、成就欲、主动性、分析思维和概括性思维等
3	人际关系	包括人际洞察力、发展他人、关系建立、社会责任感和团队协作等

3. 四种能力论

罗伯特·霍根（Robert Hogan）和罗迪尼 B. 威弗滋（Rodney B.Warrenfeltz）研究指出管理人员的素质可以分为 4 种，分别为：自我管理能力、人际关系能力、领导能力和商业能力，如表 2–6 所示。

表 2-6　四种能力论

序号	类别	具体素质
1	自我管理能力	包括自我尊重、对待权利的正确态度和自我控制等
2	人际关系能力	包括换位思考、正确预计他人的需要、考虑他人的行动等
3	领导能力	包括建立团队、维持团队、激励团队、建立共同愿景和巩固团队等
4	商业能力	包括制订计划、管理预算、绩效评估、成本管理和战略管理等

他们认为这四个方面包含了管理培训的内容，它们为培训课程的设计提供了依据。这四种能力是相互关联的，有先后次序，后续能力的发展建立在前面能力发展的基础之上，它们存在可培训性的等级差异，排在前面的能力比后面的能力更难培训。

（二）素质模型建立的流程

素质模型建立的一般流程如图 2–7 所示。

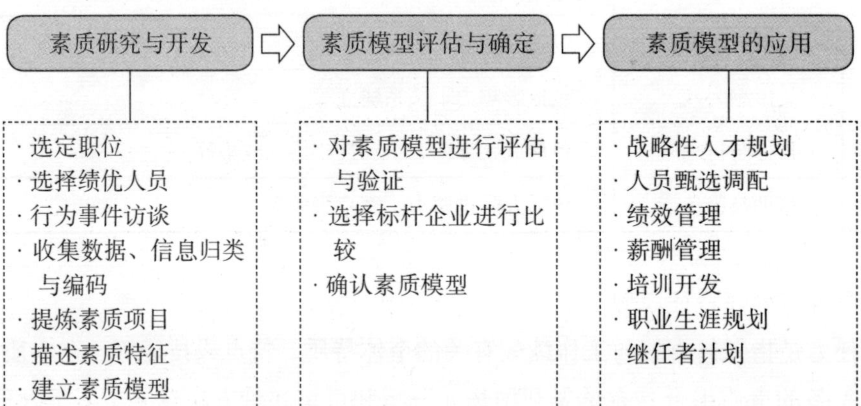

图 2-7　素质模型建立的一般流程

范本

某企业的能力素质模型与能力素质词典

能力素质，又叫胜任素质，是在特定企业环境中，在具体的工作岗位上，做出优秀业绩需要的行为特征。本公司员工能力素质模型如下表所示。

员工能力素质模型

知识	技能	职业素养
学历与专业 通用知识 专业知识	计划 领导 创新 沟通 决策 ……	团队精神 责任心 进取心 廉洁 忠诚度 ……

能力素质模型详细规定了公司所需要的知识、技能、职业素养。这三个层次的指引，可以正确引导员工达到公司所需要的工作目标。

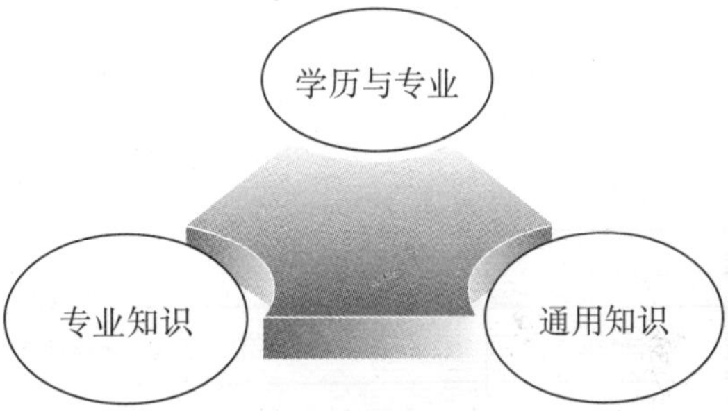

衡量知识的三个方面

1. 知识部分

知识指员工通过教育培训、工作实践获得的认识和经验的总和。本公司一名优秀的员工，至少可以从以下三个方面来衡量。

1.1 学历

按学历分初中、高中（包括中专和中技）、大专、本科、硕士及博士研究生。

级别	标准
一级	初中及以下
二级	高中（包括中专和中技）
三级	大专
四级	本科
五级	硕士及博士研究生

1.2 公司知识

公司知识包括行业知识、产品知识、公司文化（发展历史、理念价值观等）、组织结构、基本规章制度和业务运作流程等。

级别	标准
一级	初入公司，仅了解员工手册与职位相关内容
二级	了解公司发展历史、相关产品知识，熟悉本岗位相关管理制度、流程
三级	了解行业状况，全面了解公司的历史、现状、未来发展方向和目标、全部产品知识以及相关管理制度、流程
四级	熟悉行业状况，熟悉公司整体运作流程、制度，了解公司整体战略规划以及战略步骤
五级	洞悉行业重大变化与趋势，能基于公司整体战略规划以及战略步骤，对公司整体运作流程与制度提出系统、科学的建设方案，以支持、保证战略目标实现

1.3 专业知识

对公司而言，以下专业知识的掌握与运用程度将直接影响到公司的核心竞争力与竞争优势，公司高度关注各职位员工对相应专业知识的掌握状况。

以下所列示的是公司的各专业知识，对具体职位而言，应有不同的侧重。

1.3.1 行政管理知识

级别	标准
一级	了解工作标准，并能按照工作标准完成工作
二级	了解公司一般行政管理的内容框架、工作流程和相关制度，主动完成工作，并对工作有所改进
三级	掌握公司行政管理的内容框架、工作流程、相关制度及方法，对本岗位的流程及制度熟练掌握，并能提出合理化建议，持续改进与提高
四级	掌握公司行政管理的内容框架、工作流程、相关制度及方法，并熟练掌握本岗位的流程及制度，发现问题并能做出分析、提出建议，改进并设计涉及本岗位的行政管理的新思路、新制度
五级	与公司战略结合，从战略角度关注公司行政管理，掌握公司行政管理的内容框架、工作流程、相关制度及方法，并熟练掌握，发现问题并能提出分析与建议，改进并设计行政管理的新思路、新制度

1.3.2 计划管理知识

级别	标准
一级	了解计划与目标的概念与关系，了解计划管理意义，能制订个人或小组工作计划
二级	了解制订计划的理论工具，了解专业工作相关业务的运作情况，了解制订计划的程序，了解计划与绩效的关系，掌握专业系统的制订计划、控制计划与调整计划的知识
三级	了解计划与预算的关系，了解相关部门的业务运作情况，掌握制订计划的部分理论工具，具有相对独立地制订一个部门工作计划所需的知识
四级	熟悉公司计划管理流程与制度，熟悉公司各业务部门或分管部门业务运作情况，具有基于年度经营目标而制订公司年度经营计划的相关知识，并能保证年度经营计划与财务预算有效衔接
五级	了解计划与战略的关系，能理解公司战略规划，掌握公司计划管理体系运行中存在的问题与改进方向，具有围绕战略目标而革新公司计划管理体系的相关知识，使计划有效支持战略的实施，并保证战略目标的实现

1.3.3 人力资源知识

（略）

1.3.4 财务知识

（略）

1.3.5 法律知识

（略）

1.3.6 战略知识

（略）

1.3.7 营销策划知识

（略）

1.3.8 生产管理知识

（略）

1.3.9 技术知识

（略）

1.3.10 质量管理知识

（略）

1.3.11 外语知识

（略）

1.3.12 产品知识

（略）

2. 技能部分

技能指运用资源解决某一问题的能力。一个优秀的员工，技能至少包括图中部分或全部能力（单项共22项）。

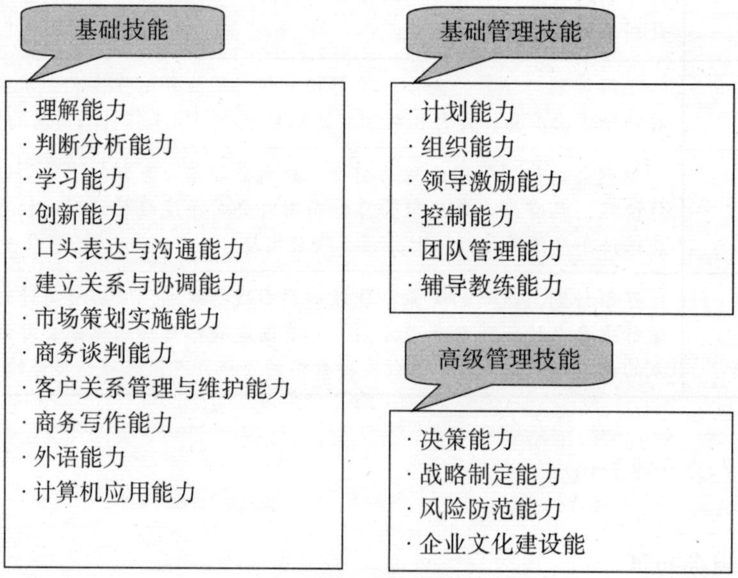

技能的三大组成部分

各项技能的能力素质描述略。

3. 职业素养

职业素养是指工作态度，是员工对企业文化的认知与认同，也是企业对员工个人素质方面的要求。一个优秀的员工，职业素养至少包括图中部分或全部的职业素养。

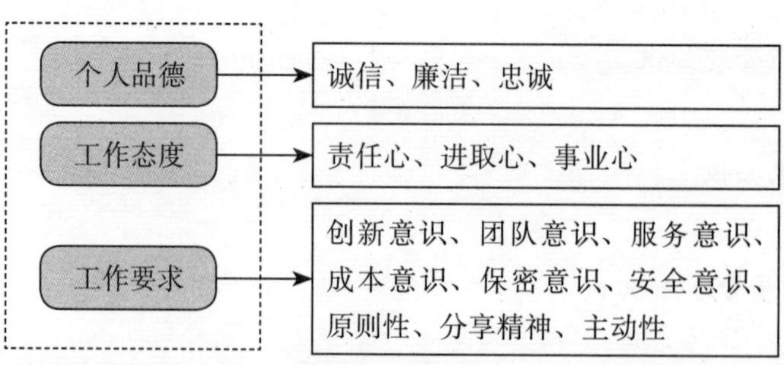

职业素养的组成

各项职业素养的素质描述略。

第三节
基于目标的绩效考核

在企业战略既定的前提下，基于目标的系统考核方法是效率比较高的绩效考核方法。

目标管理考核法使各级部门及员工知道他们需要完成的目标是什么，从而可以把时间和精力投入到能最大程度实现这些目标的行为中去。

至于目标管理考核法的具体实施程序，如图 2–8 所示。

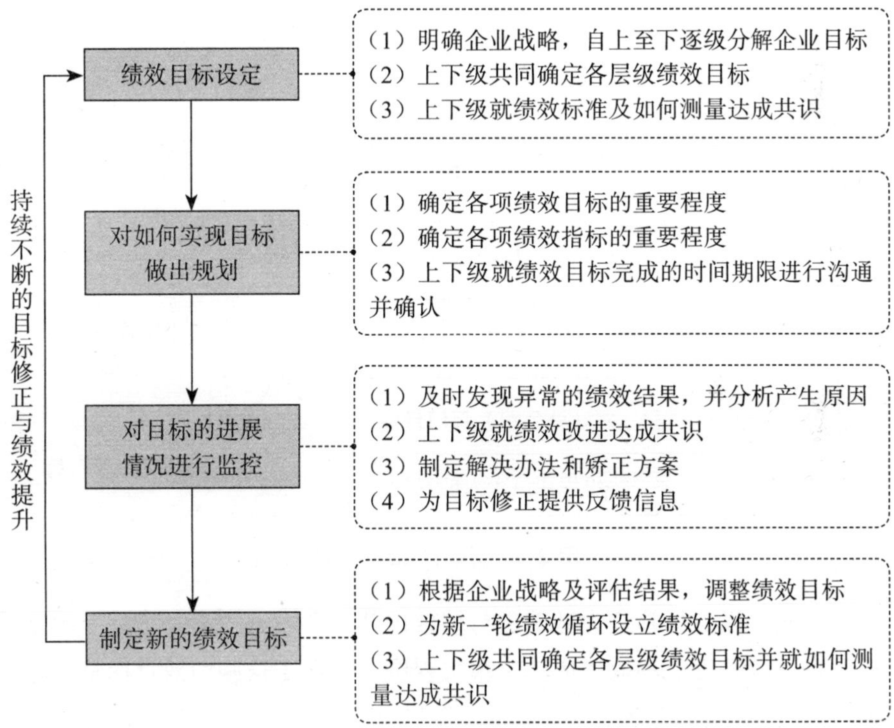

图 2-8　目标管理考核法的实施程序

一、绩效目标的设定

绩效目标的设定，是目标管理程序的第一步，实际上是上下级共同确定各个层级所要达到的绩效目标的过程。在实施目标管理的企业中，通常是评估者与被评估者共同制定目标。这里的目标主要是指期望达到的结果，以及为达到这一结果应采取的方式、方法。

（一）目标管理体系

根据管理专家德鲁克的观点，管理企业应遵循的一个原则是："每一项工作必须为达到总目标而展开。"因此，衡量一个员工是否称职，就要看他对总目标的贡献如何；反过来说，称职的员工应该明确地知道自己需要达到的目标是什么。否则，员工就会浪费资源，使企业遭受损失。在目标管理法中，绩效目标的设定开始于企业的最高管理层，他们提出企业的使命声明和战略目标，然后通过部门层次往下传递，直至具体的各个员工（参见图 2-9）。通常情况下，个人目标是由员工及其上级主管在协商一致下制定的，而且在目标设定的同时，他们也需要就特定的绩效标准以及决定如何测量目标的完成情况达成共识。

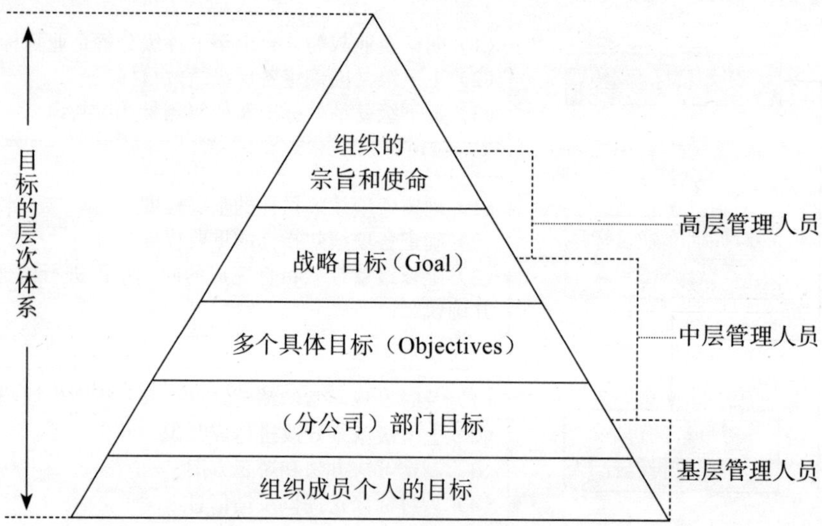

图 2-9　绩效目标结构图

企业一旦确定以目标管理为基础进行绩效评估，那就必须为每个员工确定绩效目标。目标管理系统是否能够取得成功，很大程度上就在于这些绩效目标是否陈述得贴切和清晰。

（二）设定目标时要注重系统方法

实现目标的过程是由现在到将来、由小目标到大目标，一步一步前进的。但是设定目标的最高效的方法则是与实现目标的过程正好相反，运用"剥洋葱法"，由将来到现在，由大目标到小目标层层分解。目标的实现过程和设定如图 2-10 所示。

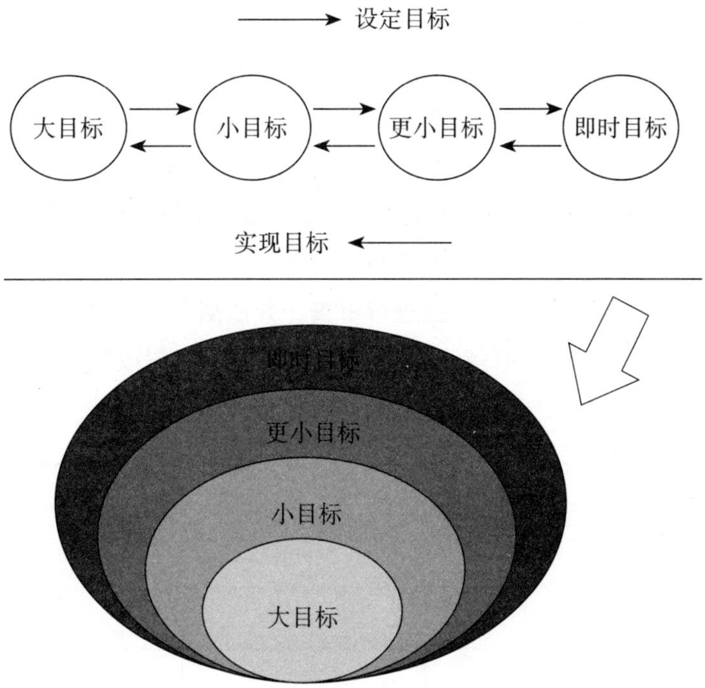

图 2-10　目标的实现过程和设定示意图

（三）目标的制定步骤

目标的制定要遵循图 2–11 所示步骤。

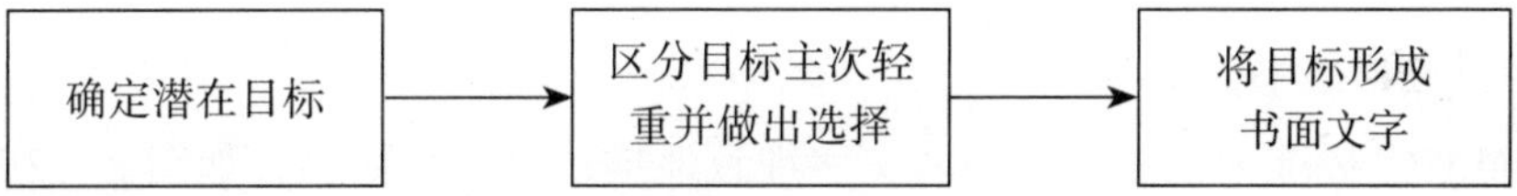

图 2-11　目标的制定步骤

1. 确定潜在目标

（1）了解企业的战略目标和经营目标。

（2）每年都要对企业方方面面的工作及团队作用进行一次或两次检查，从中寻找可能具有更高价值的目标。

（3）要让相关客户、部门成员以及你的上司共同参与目标制定的过程。

（4）不要为各种限制因素或者执行方面的问题而忧虑，把它当成一次员工为制定目标而献计献策的过程。

2. 区分目标主次轻重并做出选择

（1）明确以什么标准来确定目标的主次轻重。例如，哪些目标最利于增加收入。

（2）对目标清单进行审核，并依据标准将目标划分为 A、B、C 三个等级，可参照表 2–7。给每个目标做级别标记。

A 级：这些目标具有很高价值及关键意义。

B 级：这些目标具有中等价值以及次要意义。

C 级：这些目标具有较小价值并且没有什么重要意义。

（3）将 B 级目标分解到 A 级或者 C 级当中。这些目标当中，有些值得去做，有些就没有必要。结果是，那些列入 A 级清单当中的目标就是最终目标。

（4）对 A 级清单当中的目标单独进行审查，并依据重要性的不同划分主次。

（5）对于列入 C 级清单的目标可以授权他人、暂时搁置或者予以放弃。

表 2-7　部门目标清单

A 级	B 级	C 级

3. 将目标形成书面文字

以 SMART 标准为依据，以书面文字细致地描述每一个目标，如图 2–12 所示。

- **S** 具体性（Specific）：对目标细节做出描述
- **M** 可衡量性（Measurable）：可以通过定性或者定量的方式对目标进行衡量
- **A** 可实现性（Achievable）：目标应当是能够实现的
- **R** 现实可行性（Realistic）：在现有的各种限制因素下，例如时间以及资源情况等，目标应具备可行性
- **T** 时限性（Time-bound）：必须在指定的时限内实现目标

图 2-12　SMART 标准解析

二、对如何实现目标做出规划

这是实施目标管理的第二步，即当员工为这一目标努力时，可以合理安排时间，了解自己目前在做什么，已经做了什么和下一步还将要做什么。目标管理强调“自我控制”“自我突破”，但绝对不是要放弃管理控制，只不过是用双向沟通代替了专制管理，通过绩效目标达成时间的有效约束，可以更有效地保证企业目标的实现。也就是说，要对如何实现目标做出规划，规划方案可参照表 2-8，规划的内容应当包括如下几个方面。

（1）明确哪些关键项目能够帮助员工实现每一个目标。

（2）明确哪些项目需要连续完成，将它们按顺序排列。如果有些项目可以同时完成，计划中也将它们写在一起。

（3）对于每一关键项目，描述其可衡量的结果。

（4）明确落实每一项目需要的资源（资金、人员、设备、材料等）。

（5）为每一项目的完成规定时限，包括开始日期和结束日期。

（6）为整个进程设置一些里程碑，以此来审核项目的完成情况及总体效果。要确保在每一里程碑中描述所希望实现的目标。

（7）要预先考虑到每一目标及其相关项目可能会遇到的阻碍。然后，针对每一阻碍制定出可行的解决方案。

表 2-8 目标实现的规划方案

目标	达成目标的关键项目	开始日期	结束日期	可能会遇到的困难	困难解决方案	关键控制点检查			
						1	2	3	4

作为管理者在推进以目标管理为基础的绩效评估时，一定要把好绩效评估指标的“权重关”，把工作按照重要性和迫切性划分到四个象限中，如图 2-13 所示，即重要又迫切、重要但不迫切、不重要但迫切、既不重要又不迫切的四类绩效指标，通过各方面的彼此协调，减少资源浪费，尤其是时间资源。

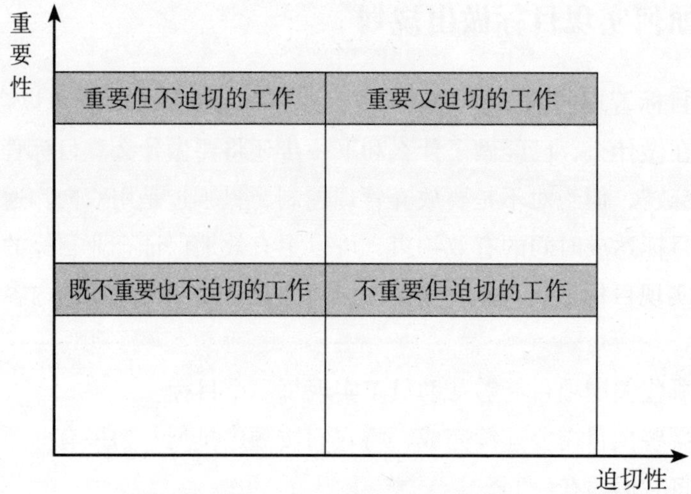

图 2-13　工作的四个象限示意图

三、对目标的进展情况进行监控

对目标的进展情况进行监控，也就是要将实际达到的绩效水平与预先设定的绩效目标进行比较。通过比较，评估者就能够找出未能达到既定绩效目标或实际达到的绩效水平远远超出了预先设定的绩效目标的原因。

这一步骤不仅有助于了解员工培训的需求，还有助于确定下一绩效评估周期的各级绩效指标标准值。同时也能提醒上级评估者注意到组织环境对下属工作表现可能产生的影响，而这些客观环境是被评估者本人无法控制的。

评估目标管理的进展情况不是评估员工的行为，而是评估员工的绩效。如果绩效目标是具体的、可验证的，那么评估过程就很简单。管理者与员工讨论他们是否完成了目标，并研究为什么能完成或不能完成，企业则可以将这些检查评估工作情况记录下来，成为正式的绩效评估。

四、制定新的绩效目标

制定新的绩效目标，以及为达到新的绩效目标而可能采取的新的战略，这是实施目标管理的第四步。

在这一步中，应邀请凡是已成功实现其绩效目标的被评估者参与下一考核周期新的绩效目标的设置。而对那些没有达到既定的绩效目标的被评估者，在人力资源部与其直接上级进行沟通，判明困难的出现是否属偶然现象，找出妨碍目标达成的原因并制定相应的解决办法和行动矫正方案后，才可以参与新一轮考核周期绩效目标的设置。

第四节 基于KPI的绩效管理

基于 KPI 的绩效管理体系是对企业经营管理绩效进行系统考核的评估体系，是企业管理体系的关键环节之一，如图 2-14 所示。

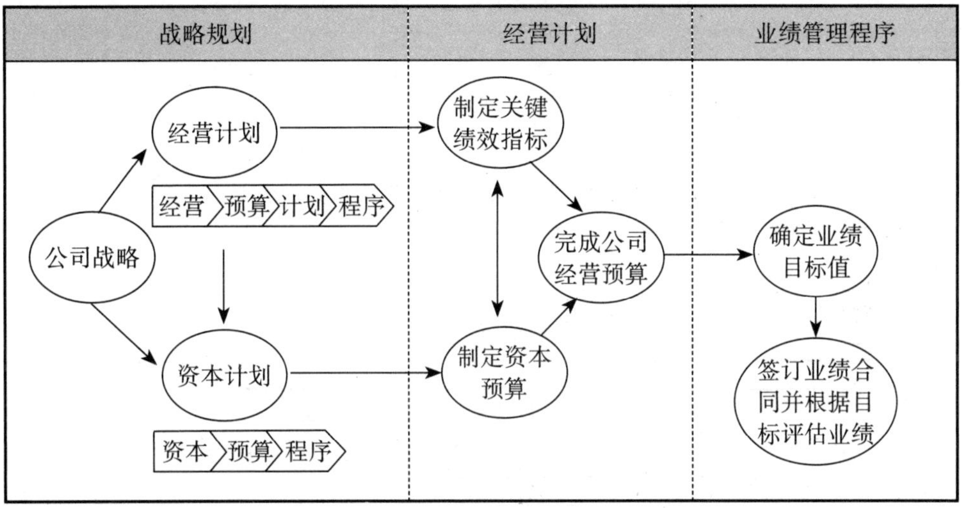

图 2-14　基于 KPI 的绩效管理体系是企业管理体系的关键一环

一、什么是关键绩效指标（KPI）

关键绩效指标（KPI）是对企业经营管理绩效进行系统考核的评估体系。作为一种绩效评估体系设计的基础，我们可以从以下三个方面深入理解关键绩效指标的具体含义。

（1）关键绩效指标是用于考核和管理被评估者绩效的可量化的或可行为化的标准体系。也就是说，关键绩效指标是一个标准化的体系，它必须是可量化的，如果难以去量化，那么也必须是可以行为化的。如果可量化和可行为化这两个特征都无法满足，那么就不是符合要求的关键绩效指标。

（2）关键绩效指标是对企业战略目标有增值作用的绩效指标。也就是说，关键绩效指标是连接个体绩效与企业战略目标的一个桥梁。既然关键绩效指标能对企业战略目标起到增值作用，那么基于关键绩效指标对绩效进行管理，就可以保证真正对企业有贡献的行为受到鼓励。

（3）通过在关键绩效指标上达成的承诺，员工与管理人员就可以进行工作期望、工作表现和未来发展等方面的沟通。关键绩效指标是进行绩效沟通的基石，是企业中关于绩效沟通的共同辞典。有了这样一本辞典，管理人员和员工在沟通时就可以有共同的语言。

表 2–9 和表 2–10 是某企业关键绩效指标体系指标集，它将有助于我们更好地理解什么是关键绩效指标。

表 2-9　某公司关键绩效指标体系指标集（部分）

管理改进指标			成长与发展指标	
客户指标	产品指标	财务指标	员工队伍指标	领导能力指标
· 员工认同度 · 投诉率 · 对投诉的处理 · 顾客维持率 · 新顾客获得 · 个性化服务	· 申请立项通过率 · 结算延迟天数 · 支出审核失误率 · 产品一次合格率 · 服务等级提升率 · 培训计划达成率	· 销售额 · 利润 · 投资回报率 · 净资产增长率 · 销售增长率 · 流动资产周转率 · 总资产周转率 · 成本利润率 · 净资产保值增值率	· 员工流失率（骨干员工） · 员工自然流动率 · 人员需求达成率 · 在职培训的人均时数 · 目标完成率	· 计划执行能力 · 授权 · 与员工的沟通 · 管理创新

表 2-10　主管人员常用的一些关键绩效指标

完成的工作结果	关键绩效指标
下属员工的绩效	上级主管对以下方面感到满意： （1）所有员工都有书面的绩效标准； （2）所有员工都清楚了解他们做得怎么样及与标准的差距； （3）所有员工每年至少接受一次绩效反馈面谈； （4）所有员工都接受了年度的书面绩效评估； （5）员工认为报酬体系和对自己的认可可以接受； （6）员工有具体的绩效改进计划； （7）员工认为他们的努力得到了认可； （8）员工工资的增长率随着绩效不同而不同
员工的满意度	对员工的调查表明： （1）员工理解公司的发展方向、部门的工作目标和他们自己在达到这些目标中的角色； （2）员工清楚地了解他们的主管对自己的期望； （3）员工知道自己的工作做得怎么样，并且知道自己应该在哪些方面进行改进； （4）员工认为绩效评估结果准确地反映了他们的工作情况； （5）员工有完成工作所必需的工具和手段，并且他们一旦没有这些工具和手段时，可以了解其中的原因； （6）员工拥有完成工作所必需的知识和技能，或者有获得这些知识和技能的计划； （7）员工好的绩效得到了认可和赞赏

二、基于KPI的绩效管理体系的重要性

基于 KPI 的绩效管理体系对企业战略目标的实现具有多重意义，如图 2–15 所示。

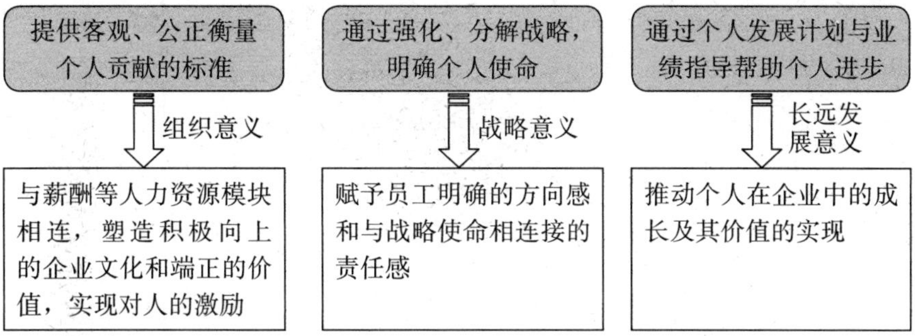

图 2-15 基于 KPI 的绩效管理体系的三大意义

三、基于KPI的绩效管理体系的设计原则

实施科学的绩效管理，首先须建立有效的为绩效所驱动的经营和管理模式——基于 KPI 的绩效管理体系，在设计 KPI 绩效管理体系时应遵循图 2–16 所示的原则。

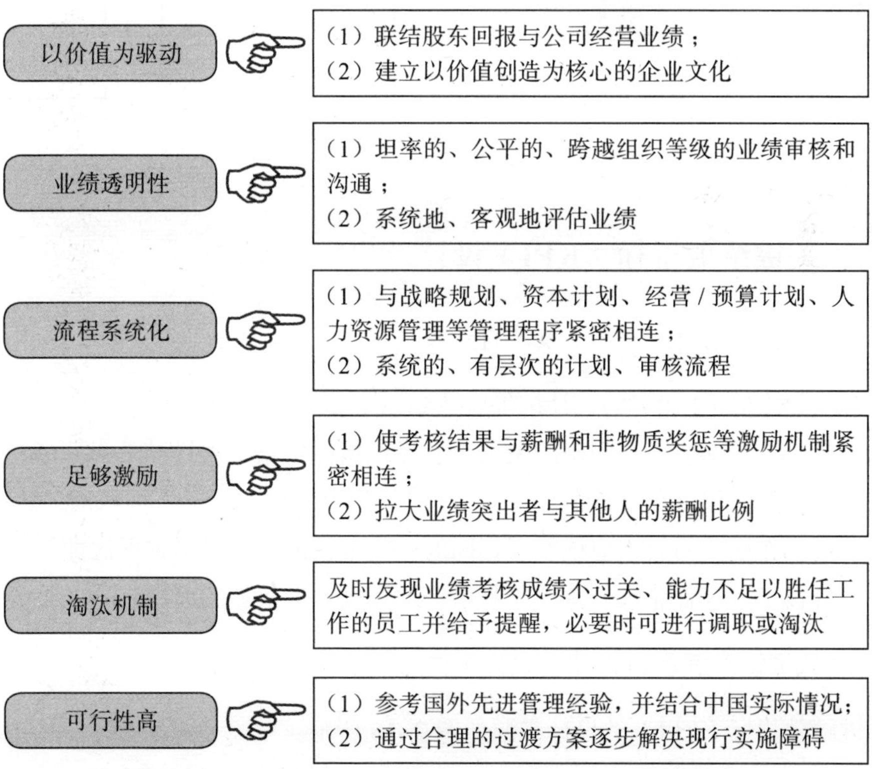

图 2-16 基于 KPI 的绩效管理体系的设计原则

四、基于KPI的绩效管理的关键

基于 KPI 的绩效管理模式成功的关键是制定关键绩效指标和签订绩效合同，如图 2–17 所示。

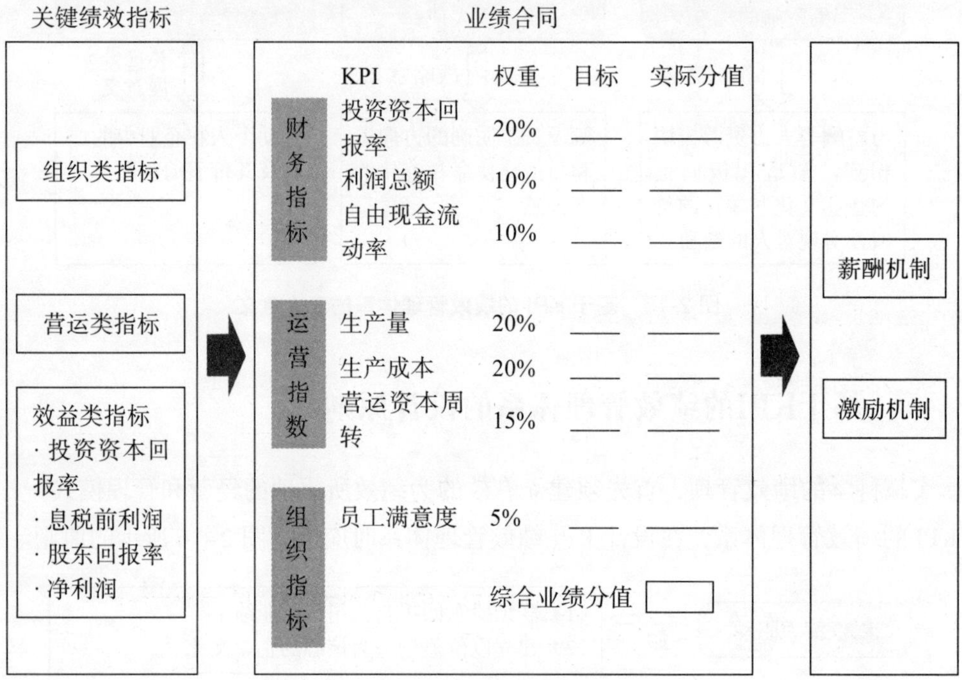

图 2-17　KPI 绩效管理的关键

五、关键绩效指标（KPI）设计

（一）关键绩效指标（KPI）设计的要求

关键绩效指标（KPI）的设计结果应达到以下要求。

（1）每个员工都应该有明确的关键绩效考核指标依据，关键绩效指标考核依据包括关键绩效指标的权重和目标值。

（2）同工作性质的员工应该使用相同的绩效考核依据，以增强可比性。

（3）各员工的综合绩效分值按照各指标的完成率加权加和而得。

（二）关键绩效指标（KPI）的设计来源

关键绩效指标（KPI）的设计来源如图 2–18 所示。

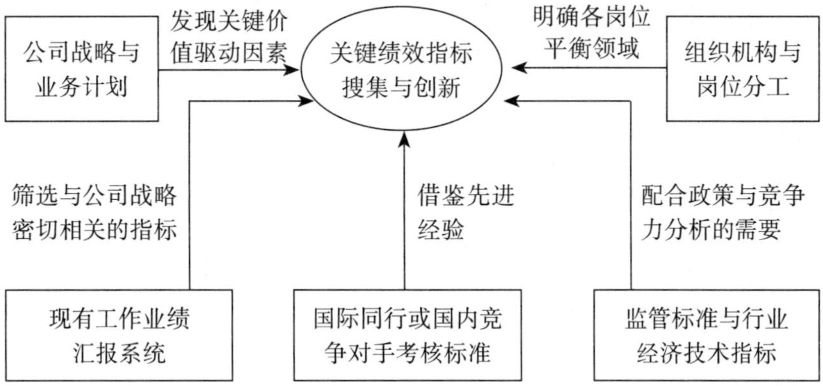

图 2-18　关键绩效指标（KPI）的五大设计来源

（三）关键绩效指标（KPI）的制定流程

关键绩效指标（KPI）的制定流程如图 2–19 所示。

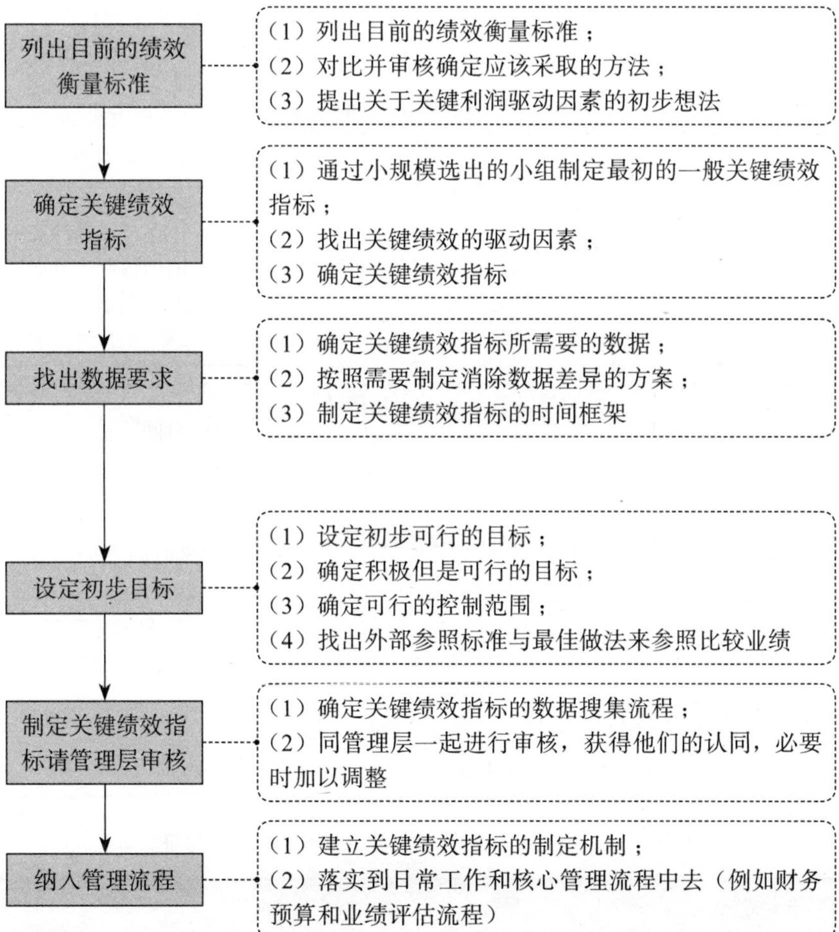

图 2-19　关键绩效指标（KPI）的制定流程

（四）选择关键绩效指标（KPI）

1. 选择关键绩效指标（KPI）的出发点

选择关键绩效指标（KPI）的出发点如图 2-20 所示。

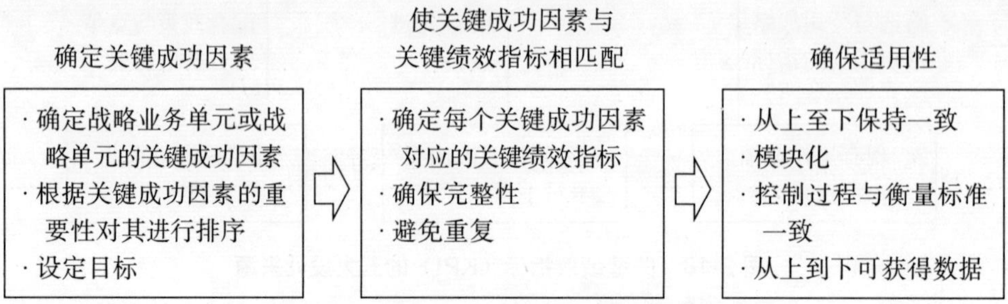

图 2-20　选择关键绩效指标（KPI）的出发点

举例如图 2-21 所示。

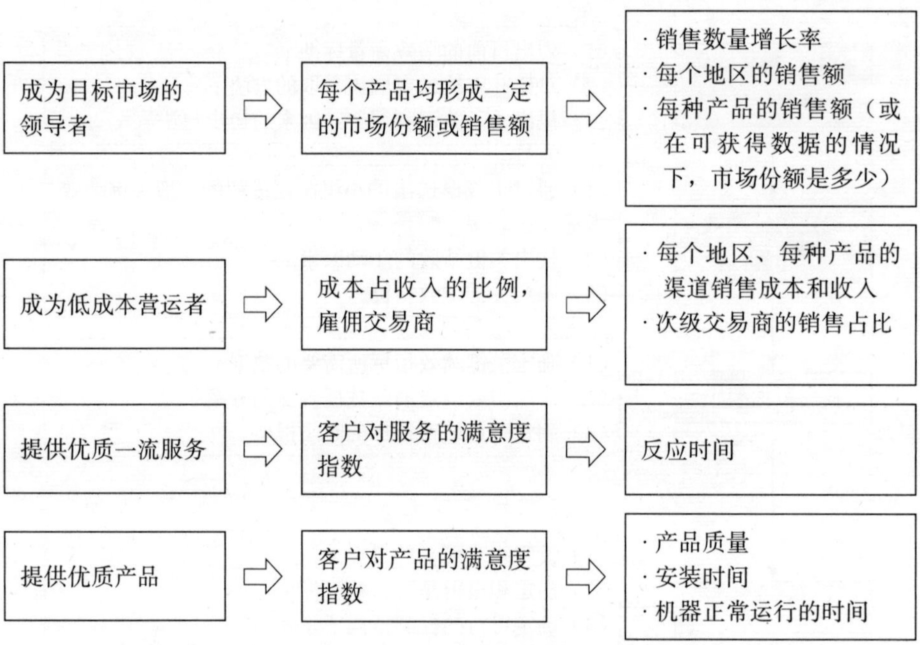

图 2-21　关键绩效指标（KPI）的选择举例

2. 有效的关键绩效指标（KPI）的基本特征

有效的关键绩效指标（KPI）具有如表 2-11 所示的基本特征。

表 2-11　有效的关键绩效指标（KPI）的基本特征

基本特征	表现
职责业绩的体现力	从被衡量前后的职责界限出发，选择对其业绩好坏最具有体现力的指标

续表

基本特征	表现
重要性	指标应是所衡量的业绩的重要驱动因素，并与有关单位的使命或战略方向是一致的
可衡量性、可定量分析性	指标应可以被及时准确客观地衡量
可理解性	对被衡量者来说指标应是简单明了的
可控制性	被衡量者应有能力在合理的时间范围内改进指标

关键绩效指标必须满足以上所有的特征才能有效地驱动绩效的改善。

3. 选择关键绩效指标（KPI）时应考虑的问题

（1）选择效益类指标时应考虑的问题如图 2-22 所示。

问题一　选择有限几个典型的效益类指标

（1）投资资本回报率；
（2）自由现金流；
（3）息税前利润或利润总额

问题二　生产经营性单位与职能部门选择的财务类指标不同

（1）生产经营性单位：对本单位财务结果负责；
（2）职能部门与科研单位：对上级单位财务结果有影响

问题三　明确界定利润总额与息税前利润的差别

（1）利润总额考察对纳税财务费用有影响力的管理人员，如厂长、财务处长、总会计师；
（2）税前利润考察其他所有对财务费用无影响力的管理人员

图 2-22　选择效益类指标时应考虑的问题

（2）选择营运类指标时应考虑如下问题。

①营运类指标应反映岗位独特的工作成果。

②营运类指标应尽量体现出部门的主要年度目标，数量不应过多。

③要特别考虑确定目标值的难易程度，保证其可行性。

④可以通过岗位主管详细访谈得出，但应突破岗位主管的个人局限性。

（3）选择组织类指标时应考虑到工会、行政岗位及人力资源相关岗位通常承担较丰富的组织类工作。

六、关键绩效指标（KPI）辞典的编写

（一）什么是关键绩效指标（KPI）辞典

KPI关键绩效指标辞典是衡量企业各类经营活动成果的指标汇总，如表2-12所示。

表2-12 关键绩效指标（KPI）辞典示例

关键绩效指标	定义与考核目的	计算公式	数据来源	考核期	考核对象
上级单位投资资本回报率	有效利用资本创造回报的能力	（息税的利润×所得税率）/（平均固定资产净值+平均运营资本）	财务信息系统	季度末及年底	全体二级单位及职能部门
本单位投资资本回报率	有效利用资本创造回报的能力	同上	财务信息系统	季度末及年底	全体二级单位及职能部门
上级单位自由现金流	创造现金收入的能力		财务信息系统	季度末及年底	全体二级单位及职能部门
本单位自由现金流	创造现金收入的能力		财务信息系统	季度末及年底	全体二级单位及职能部门
上级单位息税前利润	与经营管理直接相关的经营业绩		财务信息系统	季度末及年底	全体二级单位及职能部门
本单位息税前利润	与经营管理直接相关的经营业绩		财务信息系统	季度末及年底	全体二级单位及职能部门
上级单位利润总额	产生利润的能力	税前净利润	财务信息系统	季度末及年底	全体二级单位及职能部门
本单位利润总额	产生利润的能力	税前净利润	财务信息系统	季度末及年底	全体二级单位及职能部门

（二）关键绩效指标（KPI）词典的特点

（1）在同一业务类型的企业中普遍适用。

（2）覆盖企业所有经营活动类型。

（3）列举出了对同一经营成果的多种衡量标准。

（4）不随公司战略及组织结构调整而改变，具有初期稳定性。

（三）编制关键绩效指标（KPI）词典的意义

（1）便于业务单位根据每年企业的战略调整为每个职位设定不同的绩效合同和关键绩效指标。

（2）便于业务单位绩效管理人员查询关键绩效指标的定义及计算方法。

（3）便于进行绩效考核体制推广。

（4）为企业提供一个可以随时进行绩效指标增减的模板。

（四）关键绩效指标（KPI）词典的设计步骤

关键绩效指标（KPI）词典的设计步骤如图 2–23 所示。

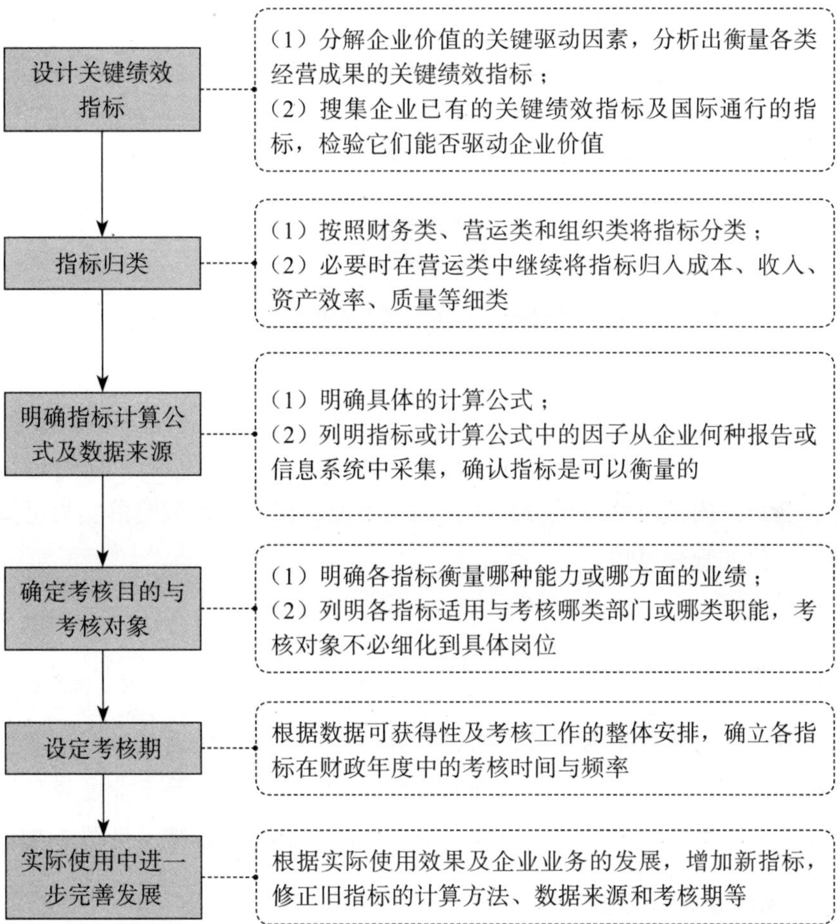

图 2-23　关键绩效指标（KPI）词典的设计步骤

（五）使用关键绩效指标（KPI）词典的原则

使用关键绩效指标（KPI）词典要遵循图 2–24 所示的原则。

上下连贯性：为保持组织内绩效管理的一致性，应该根据关键绩效指标词典将上一级岗位关键绩效指标中可以由下级岗位控制的指标同时交给下一级岗位

发展性：关键绩效指标词典是发展中的词典，并非全体关键绩效指标的集合。因此如果关键绩效指标词典中的指标无法确切反映被考评人的工作成果，应该发展新的合理指标并将其列入词典

全面性：关键绩效指标词典中所列的考核对象，是可能对该项指标负全责或者部分责任的岗位，并不意味着该岗位必须以此指标进行考核

图 2-24　使用关键绩效指标（KPI）词典的原则

第五节
基于BSC的绩效考核

BSC是Balanced Score Card的缩写，称作平衡计分卡，是常见的绩效考核方式之一，是从财务、客户、内部运营及学习与成长四个角度，将组织的战略落实为可操作的衡量指标和目标值的管理思想。

一、什么是平衡计分卡（BSC）

平衡计分卡以企业战略为导向，通过财务、客户、内部运营和学习与成长四个方面的业绩指标及其因果关系，全面管理和评价企业综合业绩，是企业愿景和战略的具体体现，既是一个绩效评价系统，也是一个有效的战略管理系统（见图 2-25）。

（一）平衡计分卡的核心思想

平衡计分卡的核心思想就是通过财务、客户、内部运营及学习与成长四个方面的指标之间的相互驱动的因果关系展现企业的战略轨迹，实现绩效考核——绩效改进以及战略实施——战略修正的战略目标过程。它把绩效考核的地位上升到企业的战略层面，使之成为企业战略的实施工具。

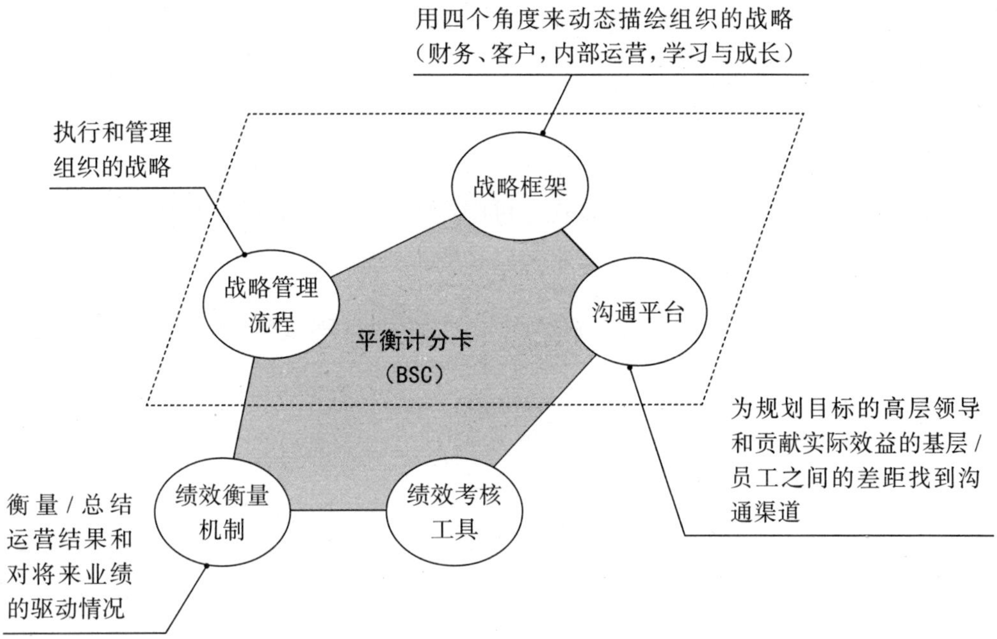

图 2-25　平衡计分卡既是绩效评价系统也是战略管理系统

（二）平衡计分卡“平衡什么”

平衡计分卡反映了财务与非财务衡量方法之间的平衡，长期目标与短期目标之间的平衡，外部和内部的平衡，结果和过程的平衡，管理业绩和经营业绩的平衡等多个方面，如图 2–26 所示。

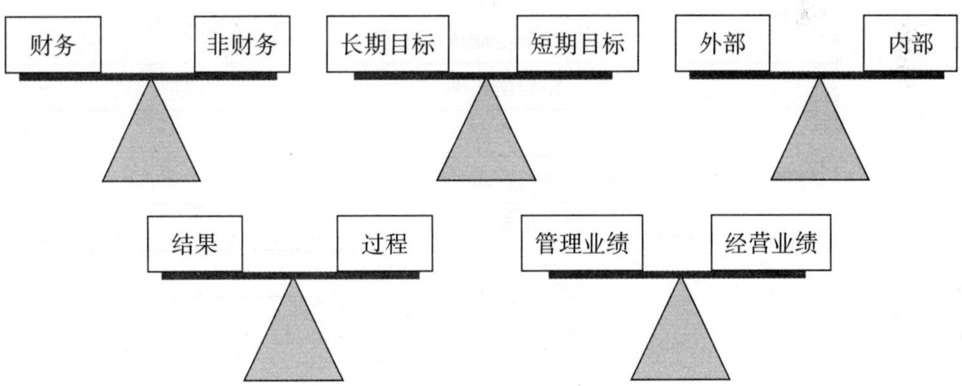

图 2-26　平衡计分卡“平衡什么”

（三）平衡计分卡的多角度理解

1. 平衡计分卡是战略管理与执行的工具

平衡计分卡是在企业总体发展战略达成共识的基础上，通过科学的设计，将 BSC 四个维度的指标以及实施步骤有效地结合在一起的战略管理与实施体系。它的主要目的是将企业的战略转化为具体的行动，为企业的战略搭建执行平台，以提升企业的战略执行力。

2. 平衡计分卡是绩效管理的工具

BSC 从四个维度设计适量的绩效指标（如表 2-13 所示）来有效运作企业的战略。BSC 为企业提供的绩效指标具有可量化、可测度、可评估性的特点，有利于全面系统地监控企业战略的执行，促进企业战略与愿景的达成。

表 2-13　BSC 平衡计分卡的四个维度绩效指标

第一层指标	第二层指标	第三层指标
财务指标	盈利指标	净资产收益率
		总资产报酬率
		资本保值增值率
		销售利润率
		成本费用利润率
	资产营运	总资产周转率
		流动资产周转率、存货周转率
		应收账款周转率
		不良资产比率
	偿债能力	资产负债率
		流动比率
		速动比率
		现金流动负债比率
	增长能力	销售增长率
		资本积累率
		总资产增长率
		三年利润平均增长率
		三年资本平均增长率
		固定资产更新率
客户指标	成本	客户购买成本
		客户销售成本
		客户安装成本
		客户售后服务成本
	质量	质量控制体系
		废品率
		退货率

续表

第一层指标	第二层指标	第三层指标
客户指标	及时性	准时交货率
		产品生产周期
	客户忠诚度	顾客回头率
		流失客户人数
		挽留客户成本
	吸引新客户能力	新客户人数
		新客户比率
		吸引客户成本
	市场份额	占销售总额的百分比
		占该类总产品百分比
内部运营指标	创新过程	R&D（研发）占总销售额的比例
		R&D（研发）投入回报率
		新产品销售收入百分比
		研发设计周期
	运作过程	单位成本水平
		管理组织成本水平
		生产线成本
		客户服务差错率
		业务流程顺畅度
	售后服务过程	服务成本 / 次
		技术更新成本
		客户投诉响应时间
		订货交货时间
		上门服务速度
学习与成长指标	员工素质	员工的知识结构
		人均脱产培训费用
		人均在岗培训费用
		年培训时数
		员工平均年龄
	员工忠诚度	员工流动率
		高级管理、技术人才流失率

续表

第一层指标	第二层指标	第三层指标
学习与成长指标	员工生产力	人均产出
		人均专利
		员工被客户认知度
	员工满意度	员工满意度
		员工获提升比率
		管理者的内部提升比率
	组织结构能力	评价和建立沟通机制费用
		协调各部门行动目标费用
		有效沟通评估
		团队工作有效性评估
		传达信息或接受反馈的平均时间
	信息系统	软硬件系统的投入成本
		拥有 PC 的员工比例
		软硬件系统更新周期

3. 平衡计分卡是企业各级管理者进行有效沟通的重要方式

为了战略的执行，人力资源部必须将企业的愿景规划与各级组织，包括各管理层乃至每个员工进行沟通，使企业所有员工都能够理解战略与愿景规划，并及时地给予有效的反馈。

二、平衡计分卡的维度

平衡计分卡有四个维度，具体内容和关注点如下所述。

（一）四个维度的具体内容

平衡计分卡的四个维度如图 2–27 所示。

1. 财务维度

其目标是解决“股东如何看待我们”这一类问题。表明我们的努力是否对企业的经济收益产生了积极的作用，因此，财务方面是其他三个方面的出发点和归宿。

2. 客户维度

这一维度回答的是“客户如何看待我们”的问题。客户是企业之本，是现代企业的利润来源，客户理应成为企业的关注焦点。客户维度是 BSC 的平衡点。

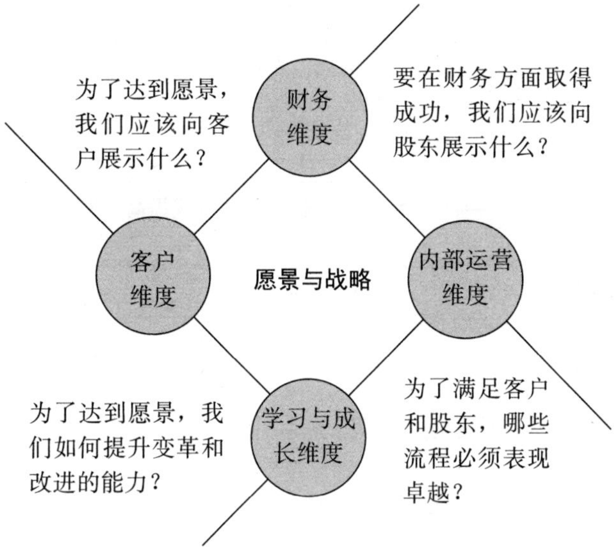

图 2-27 平衡计分卡的四个维度

3. 内部运营维度

内部运营维度着眼于企业的核心竞争力，回答的是“我们的优势是什么”的问题。因此，企业应当甄选出那些对客户满意度有最大影响的业务程序（包括影响时间、质量、服务和生产率等各种因素），明确自身的核心竞争能力，并把它们转化成具体的测评指标，内部过程是公司改善经营业绩的重点。

4. 学习和成长维度

其目标是解决“我们是否能持续为客户提高并创造价值”这一类问题。只有持续提高员工的技术素质和管理素质，才能不断地开发新产品，为客户创造更多价值并提高经营效率，企业才能打入新市场，增加红利和股东价值。

（二）四个维度的关注点

四个维度的关注点并不一样，具体描述如图 2–28 所示。

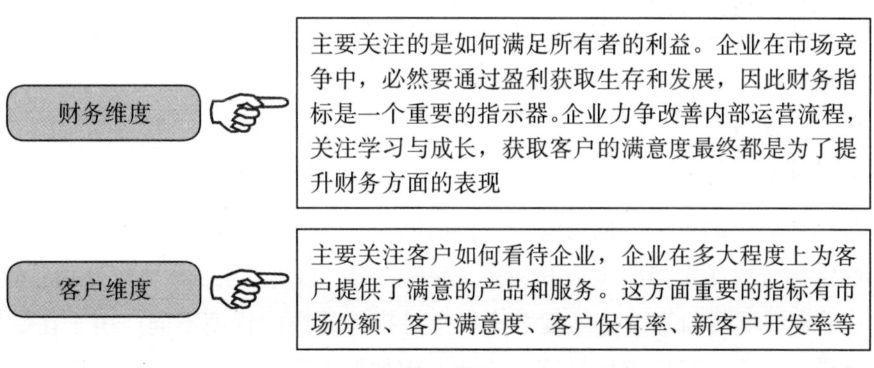

图 2-28

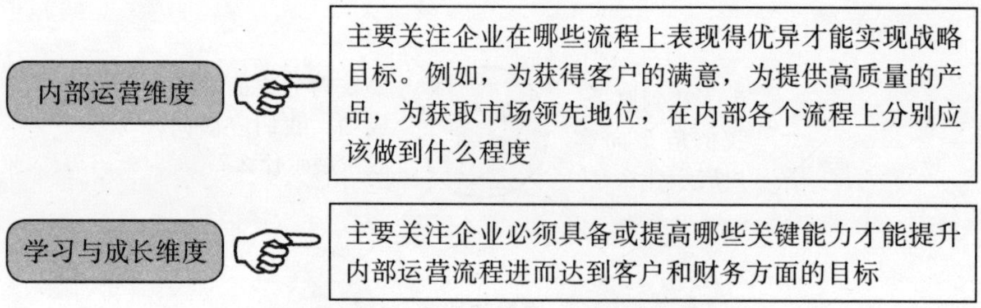

图 2-28　四个维度的主要关注点

三、平衡计分卡的实施要领

（一）制定企业远景目标与发展战略

平衡计分卡贯穿企业战略管理的全过程。由于平衡计分卡是把企业经营战略转化为一系列的目标和衡量指标，因此，平衡计分卡对企业战略有较高的要求。企业应在保证实现企业使命的条件下，在充分利用环境中存在的各种机会和创造机会的基础上，确定企业同环境的关系，规定企业的经营范围、成长方向和竞争对策，合理地调动和分配企业的全部资源，从而使企业获得竞争优势，制定出适合本企业成长与发展的愿景目标与发展战略。企业战略要力求满足适合性、可衡量性、合意性、易懂性、激励性和灵活性等特征。

（二）把企业经营战略转化为一系列的衡量指标

在将企业经营战略转化为一系列的衡量指标时，要遵循 SMART 原则，即具体的（Specific）、可衡量的（Measurable）、可达到的（Attainable）、相关的（Relevant）和有时限的（Time-based）。

平衡计分卡是一个战略实施机制，它把组织的战略和一整套的衡量指标相联系，弥补了制定战略和实施战略间的差距，能使企业战略得以有效实施。为了使企业战略有效实施，我们可逐步把组织战略转化为财务、客户、内部运营、学习与成长四个方面的衡量指标。

1. 指标的衡量

（1）定性数据的衡量。

对指标体系中的定性数据需要设计调研问卷。为避免主观判断所引起的失误，可以将定性指标分成 7 个档次（很好、好、较好、一般、较差、差、很差），分别对应 7 ～ 1 分。7 ～ 1 表示不同的等级，等级之间只是对指标看法的程度不同。由于在赋值判断过程中已内含标准，可以直接计算评价值。用加权平均的方法对调查结果进行计算。

（2）定量数据的衡量。

定量指标的数据值按照指标的释义和公司的具体情况进行收集，数据的收集需要不同部门配合。由于各项定量指标的内容、量纲各不相同，直接综合在一起十分困难。因此，必须将这些指标进行无量纲处理，将定量指标原值转化为评价值。

2. 确定平衡计分卡的评价指标权重

确定权重一个较为简便和合理的方法就是专家打分。专家的组成结构要合理，要有本企业的中高层管理人员、技术人员，也要有基层的技术和管理人员，还要有企业外的对本企业或本行业熟悉的专家，如行业协会的成员、大学或研究机构的专家。

另外，不同企业的权重选择也不同，应根据不同行业、不同企业的特点进行打分。如高科技企业，技术更新快，因而学习与成长类指标所占的权重就较大；对大型企业而言如美国通用公司，运作流程的顺畅就显得很重要，因而内部运营类指标所占权重也相对较大；对银行等金融企业而言，财务指标事关重大，该类指标的权重自然也较大。平衡计分卡各类指标的权重设计表见表 2–14。

表 2-14　平衡计分卡各类指标的权重设计表

指标构成	第一层指标权重 /%	具体指标内容	第二层指标权重 /%

实例

下表为美国 PIONEER 石油公司年度奖励制度中平衡计分卡各类指标的权重。

指标构成	第一层指标权重 /%	具体指标内容	第二层指标权重 /%
财务	60	利润与竞争者比较	18
		投资者报酬率与竞争者比较	18
		成本降低与计划比较	18
		新市场销售成长	3
		现有市场销售成长	3

续表

指标构成	第一层指标权重 /%	具体指标内容	第二层指标权重 /%
客户	10	市场占有率	2.5
		顾客满意度调查	2.5
		经销商满意度调查	2.5
		经销商利润	2.5
内部运营	10	社区 / 环保指数	10
学习与成长	20	员工工作环境与满意度调查	10
		员工策略性技能水准	7
		策略性资讯供应情况	3
总计	100		100

（三）将战略与企业、部门、个人的短期目标挂钩

为了有效避免出现企业战略目标、部门计划目标、个人绩效考核目标的纵向矛盾，以及各部门间计划的横向不和谐，要对战略目标进行分解。战略分解可以按图 2–29 所示流程来实施，将战略与企业、部门、个人的目标挂钩。

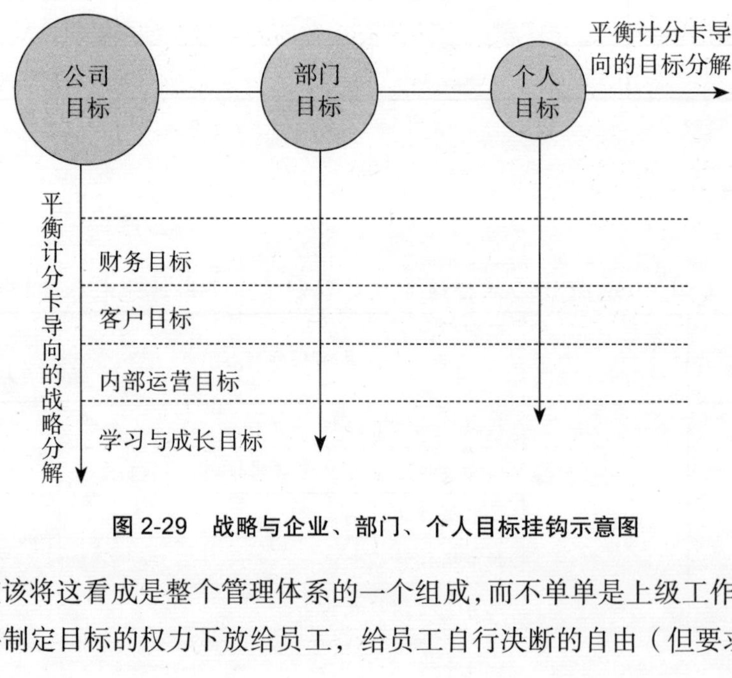

图 2-29　战略与企业、部门、个人目标挂钩示意图

企业应该将这看成是整个管理体系的一个组成，而不单单是上级工作的附加部分。上级必须将制定目标的权力下放给员工，给员工自行决断的自由（但要求员工对工作

结果负责）。

在实际操作过程中，应注意以下几点。

（1）上级和员工必须愿意一起制定目标。数据显示，这种目标的制定过程能使员工的工作绩效提高 10% ～ 25%。这一过程之所以起作用，是因为这一过程帮助员工将精力集中在重要工作上，并促使员工对自己的工作负责。

（2）目标应该是长期和短期并存，且可量化和可测量。而且，在制定目标时还必须说明实现目标的步骤。

（3）预期的结果必须在员工的控制之中。

（4）目标必须在每一个层次上保持一致。

（5）上级和员工必须留出特定的时间对目标进行回顾和评估。

（四）战略的具体实施、反馈和中期调整、修正

完成了绩效考核指标和目标的确定之后，很有必要制定“绩效考核工作计划表”，将员工绩效考核内容以书面形式记录下来，作为绩效考核的依据。

（五）建立健全的考核体系，根据平衡计分卡的完成情况进行奖惩

建立健全的考核体系，将员工奖金、晋升、教育培训等与员工所完成平衡计分卡的情况直接挂钩，形成有效的管理回路。

（1）在薪酬结构方面，应建立绩效考核和年终奖金制度，对平衡计分卡各项指标完成好的员工进行奖励，对完成不佳的员工进行惩罚。

（2）在教育培训方面，对优秀员工进行提高性深造，对不佳者进行强制性学习。

（3）在晋升方面，建立优胜劣汰、能上能下的机制，实行能者上、庸者让、平者下。

四、建立部门/组别平衡计分卡的过程

以下阐明怎样制定有效的目标和可以量化的主要绩效指标。

（一）检视企业的愿景、使命、信念及策略方向

部门 / 组别平衡计分卡应该与企业的愿景、使命、信念及策略方向配合。因此，部门 / 组别的管理人员在制定部门 / 组别平衡计分卡时，需要检视引导企业达致理想状况的愿景、使命、信念及策略方向。

（二）检视企业层面平衡计分卡

了解企业层面平衡计分卡的各项指标。

（三）制定部门/组别的年度目标

部门/组别的年度目标（见表2-15）应该与企业的目标配合，而且必须满足以下几点。

（1）明确说明可以使部门/组别取得理想业绩的工作。

（2）以具体而非抽象的措辞来界定其定义。

（3）采用具有积极含义的动词（例如“改善”等）来表达行动。

（4）与这些目标的对象管理人员的职责范围有关。

（5）数量有限（五～七项）。

表2-15 制定部门/组别的年度目标

维度	年度目标
财务	
客户	
内部运营	
学习与发展	

（四）制订部门/组别的主要绩效指标

主要绩效指标的取值最好是分数或百分比等相对数值，这样比采用绝对数值提供更多的可比性。主要绩效指标应该精简易明和全面，实际上可以量度，而且应该设定报告的周期，例如每周、每月、每季或每年。制定主要绩效指标时，必须确保它们与企业的愿景、使命、信念、策略性方向及企业年度目标直接挂钩。

表2-16列举的是平衡计分卡每一个维度的主要绩效指标，只供参考，因为主要绩效指标应该直接反映企业的某项策略。

表2-16 平衡计分卡四个维度的主要绩效指标

财务维度	客户维度
（1）总资产（元） （2）总资产/员工数目（元） （3）收入/总资产（%） （4）来自新产品或业务的收入（元） （5）收入/员工数目（元）	（1）客户数目（数目） （2）市场占有率（%） （3）年度营业额/客户数目（元） （4）流失的客户（数目或%） （5）投放于客户关系的平均时间（数目）

续表

财务维度	客户维度
（6）盈利 / 总资产（%） （7）来自新产品或业务的盈利（元） （8）盈利 / 员工数目（元） （9）市值（元） （10）资产净值回报率（%） （11）增值 / 员工数目（元） （12）总资产回报率（%） （13）使用资本回报率（%） （14）利润率（%） （15）盈利贡献 / 收入或盈利贡献率（%） （16）盈利贡献 / 员工数目（元） （17）现金流量（元） （18）股东股本 / 总资产或偿付能力（%） （19）投资回报率（%） （20）营运成本减幅（元） （21）营业额增长（%）	（6）客户数目 / 员工数目（数目） （7）完成的合约 / 现有的合约（%） （8）客户满意度指数（%） （9）客户忠诚度指数（%） （10）成本 / 客户数目（元） （11）往访客户的次数（数目） （12）投诉与赞赏次数（数目） （13）市场推广开支（元） （14）品牌形象指数（%） （15）与客户保持关系的平均时间（数目） （16）客户平均营业额（元） （17）客户到访的次数（数目） （18）从接触客户至交易的平均时间（数目） （19）服务开支 / 客户数目 / 年（元） （20）取得的新客户数目（数目） （21）每名客户的平均消费（元）
内部运营维度	**学习与成长维度**
（1）行政开支 / 总收入（%） （2）处理付款所需的时间（数目） （3）准时付运率（%） （4）从设计至成品产出所需的平均时间（数目） （5）产品开发所需的时间（数目） （6）收到订单至付运所需的时间（数目） （7）供货商供货所需的时间（数目） （8）生产所需的时间（数目） （9）决策所需的平均时间（数目） （10）存货周转量（数目） （11）生产力增幅（%） （12）信息科技能力（数目） （13）信息科技能力 / 员工数目（数目） （14）信息科技物品存量的变化（% 或元） （15）信息科技开支 / 行政开支（%） （16）生产时排放至环境的废气 / 废物量（数目） （17）使用产品造成的环境影响宗数（数目） （18）行政失误的费用 / 管理收入（%） （19）无误存档的合约数目（数目） （20）行政开支 / 员工数目（元） （21）周期时间减幅（%） （22）投标成效（%） （23）外判管理（元） （24）质量改善小组（数目）	（1）研究开发开支（元） （2）研究开发开支 / 总开支（%） （3）信息科技开发开支 / 信息科技开支（%） （4）研究开发资源 / 总资源（%） （5）培训投资 / 营业额（%） （6）研究方面的投资（元） （7）新产品支持及培训方面的投资（元） （8）开拓新市场方面的投资（元） （9）与客户直接沟通次数 / 年（数目） （10）有待批核的专利权（数目） （11）公司专利权已持的平均年期（数目） （12）改善建议 / 员工数目（数目） （13）技能发展方面的开支 / 员工数目（元） （14）员工满意度指数（%） （15）市场推广开支 / 客户数目（元） （16）员工意见（授权指数）（数目） （17）×× 岁以下的员工百分比（%） （18）与产品无关的开支 / 客户数目 / 年（元） （19）新产品（存在少于 ×× 年）占公司所有货种的比率（%） （20）现有技能水平与所需技能水平相比（%）

（五）制定每一项主要绩效指针的量化基准目标

制定有效量化基准目标的一般做法如下。量度和目标管理表见表 2–17。

（1）必须为所用的每一项主要绩效指标制定量化基准目标。

（2）量化基准目标应该是现实和实际可以达到的。

（3）量化基准目标应该设定一个可以接受的幅度。若业绩在幅度以外，就应采取矫正行动。

（4）应该与该绩效指标有关的管理人员一起制定量化基准目标，这样有利于量化基准目标在部门 / 组别内取得更大的支持。

表 2-17　量度和目标管理表

维度	部门 / 组别目标	主要绩效指标	量化基准目标	行动计划
财务				
客户				
内部运营				
学习与成长				

（六）明确界定每一项主要绩效指标的定义

制定主要绩效指标之后，需要为每一项指标下定义（如表 2–18 所示），让员工能够完全明白它们所指的是什么。这是管理层应做的一个极为重要的步骤，旨在避免阐释这些指标时出现任何误解和混淆。

表 2-18　主要绩效指标的定义示例

主要绩效指标	定义
营运收入总额	（1）全年累计收入总额差距（元）（包括来自内部的收入） （2）预测：全年累计收入总额差距（元） （3）全年累计收入总额差距（%） （4）预测：全年累计收入总额差距（%） 收入差距（元）= 全年累计实际收入总额 – 全年预算收入总额 收入差距（%）=（全年累计实际收入总额 – 全年预算收入总额）÷ 全年预算收入总额

续表

主要绩效指标	定义
客户满意度 / 保留率	（1）整体满意度（过去 3 个月的平均分数） （2）本月的保留率 保留率 =（来自旧客户的新外间项目 / 生意价值）÷（本月的新外间项目 / 生意总值）（注：旧客户的定义是在过去 12 个月曾使用部门 / 组别服务 3 次或以上的客户，且每次的服务价值最少为 5000 元）
员工满意度 / 保留率	（1）领导素质指数（本月平均分数） （2）本月每 10 名员工的员工培训时数 （3）每 10 名员工全年累计参与职员康乐会活动的时数 （4）本月机构 / 部门 / 组别活动的员工出席率 （5）本月员工流动率
创意	（1）本月应用研究开发分数 （2）每 10 名员工递交的创新科技基金建议书数目（不包括秘书及文书职级员工）（每次递交建议书时均会计算季度平均分数，这个分数会用至下一次递交建议书为止） （3）应用研究开发委员会支持的新服务项目在本月的估计收入总额量度 = 全年累计新服务项目 ÷ 全年累计预算收入总额 （4）工作改善小组分数（技术员及以下职级员工） （工作改善小组分数 = 已递交项目的总分 ÷ 部门 / 组别在 3 个月内需要递交的项目数量） 质量改善小组分数（高级技术员及以上职级员工） （质量改善小组分数 = 部门 / 组别在不同阶段递交的所有质量改善小组项目的季度平均分数）

请在词汇表格（见表 2–19）中界定部门 / 组别主要绩效指标的定义。

表 2-19　部门 / 组别主要绩效指标的词汇表格

主要绩效指标	定义

（七）找出数据的备用状况

在制定主要绩效指标和界定它们的定义之后，接下来需要找出有没有所需的数据。如果目前没有，就需要拟定一个具有合理时间表的行动计划，说明什么时候能够取得数据，需要采取什么行动，以及由谁来负责有关行动。

具体运用时可使用数据备用状况表格（见表 2–20）写出行动计划。

表 2-20 数据备用状况表格

主要绩效指标	数据备用状况	如果没有数据，有什么行动计划	负责的员工	何时完成

（八）制定评分制度

制定主要绩效指针和量化基准目标之后，下一步是制定评分制度。管理层需要制定清晰的绩效指标评分制度，以清楚显示按照什么绩效量化目标来评定优、良、常、可、平、劣等级别，制定时可参考表 2–21。

表 2-21 主要绩效指标表格

加权因素	主要绩效指标（KPI）	量化目标					
		优	良	常	可	平	劣

（九）制定行动计划

为财务、客户、技术、质量、内部流程、供应商以及员工等各个方面的主要绩效指标订立了量化目标之后，管理者就可以评估企业现行的措施是否能够帮助达到愿景目标，或者企业是否需要采取新的措施，如实施全面质量管理、质量圈活动和业务流程重整等。这些措施应该与实现策略性目标旨在取得的改善有关，并且不应互相竞争人手和设备等紧张资源。

范本

某房地产企业的平衡计分卡

指标类型	名称	计算方法	用途	权重
基准指标	考核净利润	本年度调整后的考核净利润	衡量公司当前业绩	用于奖金计算不设权重
	集团资源回报率	考核净利润 / 平均占用集团资源	综合衡量盈利能力、资本结构和周转能力	
	总资产周转率	销售收入 / 平均总资产	衡量公司周转能力	
	销售收入	按签约口径计算	衡量公司销售能力和工作量	
	销售利润率	[销售毛利(项目利润)－营业费用]/签约销售额	衡量公司销售效率	
财务视角	净利润增长率	调整后的考核净利润 / 上年度调整后的净利润	衡量公司获利提升速度	17.5%
	土地储备周转期	(年初土地储备建筑面积＋年末土地储备建筑面积)/(当年开工建筑面积 ×2)	衡量战略资源——土地的获取能力	7.5%
客户视角	客户忠诚度	达成情况以集团客户满意度调查结果为准	衡量客户对公司的总体满意程度和忠诚度	20%
	市场占有增长率	本年度市场占有率 / 上年度市场占有率 −1	竞争市场中公司的市场占有状况	5%
内部运营视角	项目经营计划关键节点完成率	对每个项目的各期以集团批准的经营计划为依据统计各个节点是否按时完成	衡量项目经营计划控制能力	10%
	专业工作满意度	各专业(规划设计、工程质量、销售服务、客户、物业服务)工作满意度 /5	衡量产品的总体质量情况	15%
	员工综合满意度	问卷调查获取	衡量员工的总体满意度及其改善情况	7%
学习与成长视角	人力投入产出	调整后考核净利润 / 年度人力成本	衡量组织效能	11%
	骨干人员价值流失率	当年所有骨干人员离职时的月工资 / 本年度内骨干人员的平均月度总工资	衡量公司骨干人员的保有能力	7%

第三章

绩效管理指标库

章前概述

绩效指标库是绩效管理中常见的和最主要的工具之一。企业的绩效管理体系由绩效考核指标和绩效管理制度两大部分组成。要想建立一套实用、合理、符合企业实际的绩效指标体系，绩效指标库是必不可少的。

思维导图

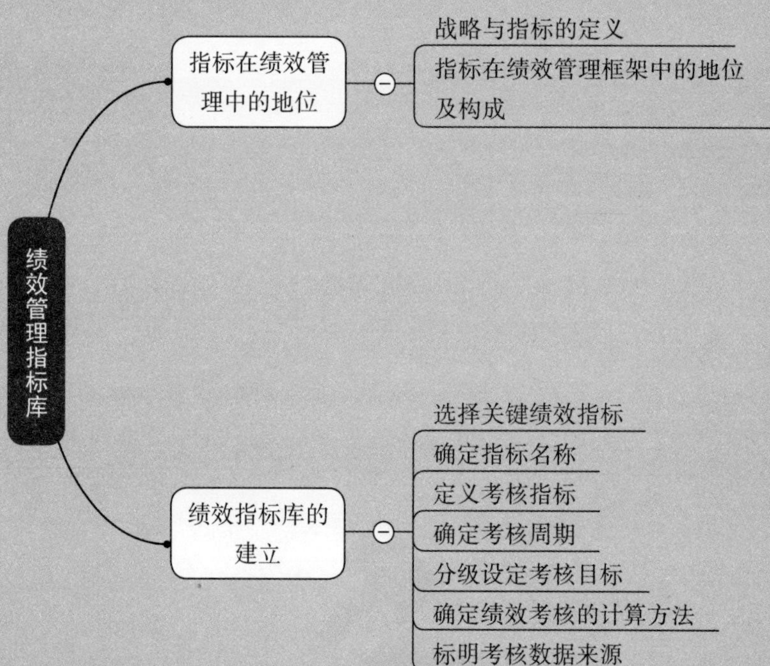

第一节 指标在绩效管理中的地位

一、战略与指标的定义

（一）战略

战略是指企业在有效分析内部条件和外部环境的基础上，确定在未来一段时间内企业发展的设想和规划。如对于各供电企业而言，战略主要反映在集团公司与市供电公司签订的业绩承包合同上。

（二）绩效指标

绩效指标是用来衡量企业、部门或员工绩效的标准，它同时还指明应该从哪些方面对工作进行衡量或评估，它必须符合 SMART 原则，具体可见第二章图 2-12 所示。

战略不仅表明了企业期望，还将各项资源和力量集中起来，有利于减少内部冲突。对于绩效管理而言，只有明确战略目标才能使绩效管理有“源头”。绩效管理是使企业战略落地的有效工具，战略是绩效指标之源。

二、指标在绩效管理框架中的地位及构成

（一）指标体系在绩效管理框架中的地位

指标由战略而来，指标分解的过程也就是战略分解的过程。有效的指标分解过程是绩效管理系统执行企业战略的关键。所以绩效管理工作的重要组成部分就是分解指标的过程。具体分解的过程可见图 3-1。

由图可知，一切绩效管理工作都是围绕指标来进行的，它在绩效管理框架中处于核心地位。建立科学、合理的绩效指标体系是有效开展绩效考核等工作的前提。

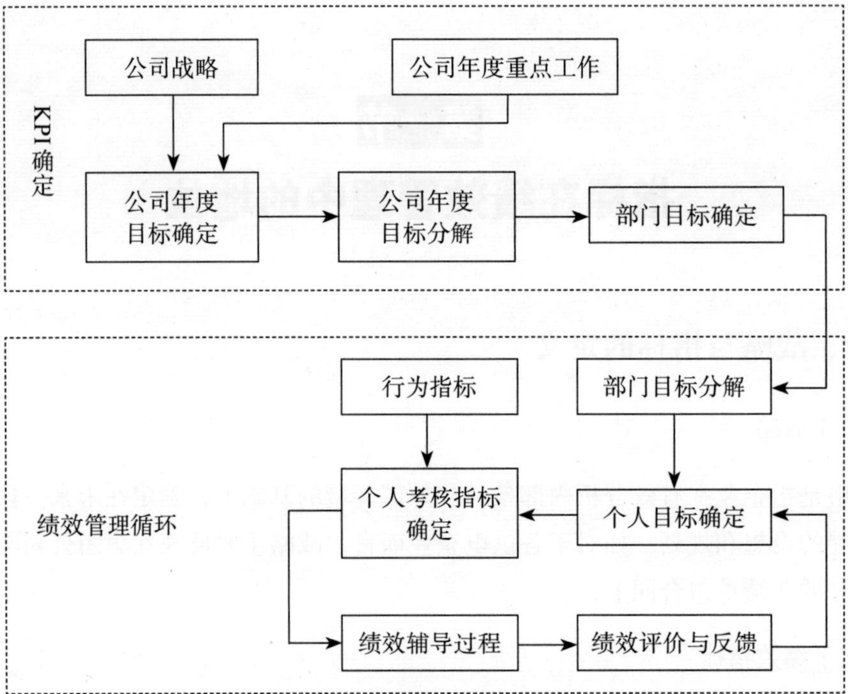

图 3-1 绩效指标分解的过程

（二）绩效管理指标框架

企业绩效管理体系的框架如图 3–2 所示。

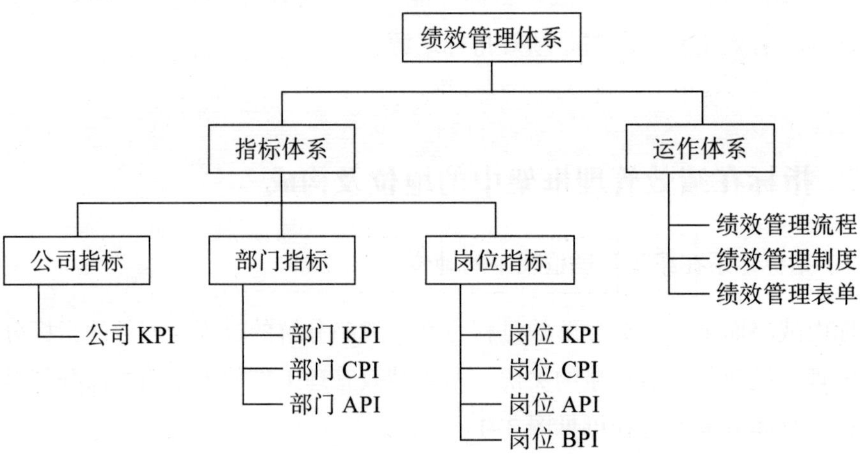

图 3-2 绩效管理体系的框架

框架说明如下。

（1）绩效指标的分类

KPI 又称关键业绩指标，指的是对企业战略目标具有重大影响的绩效指标。KPI

指标的类型从时间角度来分有年度和月度之分；从层级来看有公司指标、部门指标和岗位指标之分。图中 CPI、API、BPI 的含义如下。

CPI（Common Performance Indicator）：又称一般业绩指标，用以反映企业制度、流程和部门职能执行情况的绩效指标。

API（Appraise Performance Indicator）：又称评议指标，用以反映员工工作态度和能力的绩效指标。

BPI（Behaviour Performance Indicator）：又称行为规范指标，是对员工响应企业道德准则的奖惩。

（2）绩效指标的关系

公司层 KPI 直接来源于公司战略。部门 KPI 来源于公司战略和年度重点工作，部门 CPI 指标主要履行部门基本职责，部门 API 指标衡量部门对外服务态度和能力情况。岗位 KPI 部分来源于部门 KPI，部分源于重点工作或可改进工作，岗位 API 衡量岗位对外服务态度和能力情况，岗位 BPI 评价是对员工响应企业道德准则的奖惩。三个层次指标间的关系如图 3–3 所示。

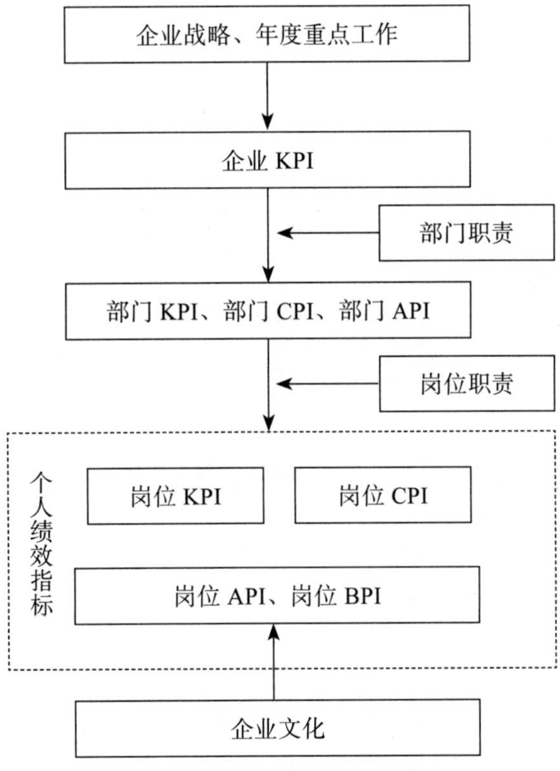

图 3-3　三个层次指标间的关系

第二节 绩效指标库的建立

建立绩效指标库的目的是实现对绩效指标的管理。因为，在实际工作中的考核指标会随着工作重点的变化而不断变化，需要通过指标库对这些信息进行管理，指标库是当期考核指标的备选库。企业不能在每个周期考核的时候才制定指标，而在下个周期修改后旧指标就丢弃不要了。企业应该对指标进行持续管理，追踪指标的变化情况和实际完成的业绩。

绩效指标库的建立步骤如图 3-4 所示。

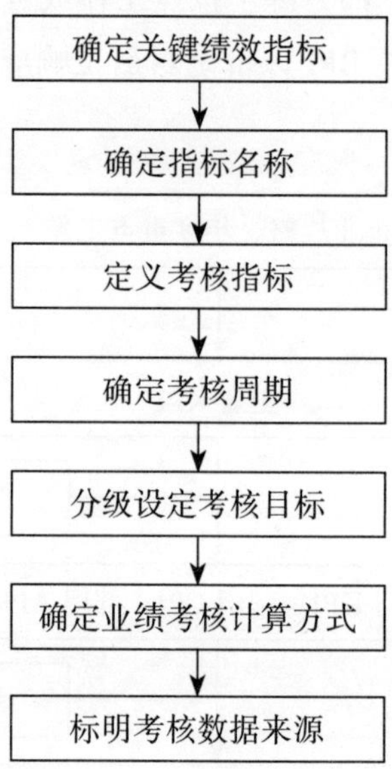

图 3-4 绩效指标库的建立步骤

一、选择关键绩效指标

在制定绩效指标前，应明确为什么要考核这个指标，因此，应该先找到关键业绩领域或关键成功因素，可以通过平衡计分卡的战略分解或者通过岗位职责分解得到。

选择关键业绩领域和关键成功因素的标准通常是对企业利润影响较大的，或该领域工作业绩波动较大的，或该业绩领域改善潜力较大的，或与同行业或同级部门相比绩效差距较大的。主要工作职责是关键业绩领域的主要来源，因此，确定关键成功因素时，应从该岗位的主要职责出发。

二、确定指标名称

在找到关键领域或关键成功因素后，就可以使用格利·波特四分法来编写指标名称，也就是从“时间、数量、质量、成本”四个角度编写绩效指标名称，如图 3–5 所示。

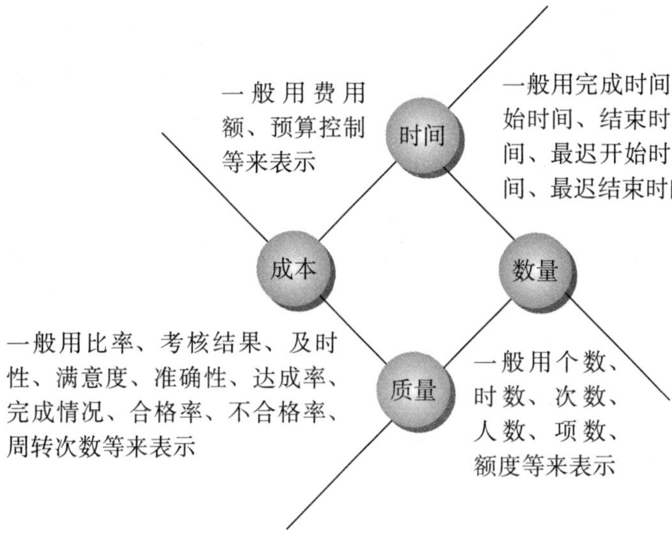

图 3-5　从四个角度提炼绩效指标

对于这四个角度分别可以列出很多指标，例如，对于培训效果进行考核，在质量方面可以有“考试及格率”“考试优秀率”“考试不及格人数”等几个考核指标，这里面最容易完成的是“考试及格率”，最容易考核和计算的是“考试不及格人数”。当“考试不及格人数”已经不能满足考核要求，需要提升考核难度的时候，就会考虑采用“考试优秀率”等指标，从而达到提升培训绩效的目的。

三、定义考核指标

指标的名称与定义互相关联，但不可混淆。如某一指标的名称是“完成时间与计划相差天数”，而该指标定义为“完成日期 – 计划日期”。定量的指标要描述计算公式；而定性指标，则要描述具体考核的行为标准，如表 3–1 所示。

表 3-1　具体考核的行为标准示例

指标名称	指标定义	备注
平均回款天数	各客户实际回款时间的加权平均天数	
制度建设成效性	对企业制度建立、宣传、推行及优化的有效程度	

范本

某企业KPI绩效指标定义（节选）

一、安全指标

安全事故：在本公司指的是单起工伤事故结案后医疗费高于100元、公司财务失窃金额超过1000元、食物中毒2人以上、员工宿舍失窃金额高于100元、火灾、劳资纠纷、打架斗殴、爆炸等每发生1起的事故。

二、效率指标

1. 周销售预测总量达成率

PMC（Product Material Control，生产及物料控制）员根据市场部提供的月需求计划，结合当前库存的情况、产能情况及近几个月的销售趋势调整后分解到四周制定出周计划，并按此生成制造单下达给制造部门，制造部门每周实际完成合格品入库的总数量与本周实际销售预测总数量之比。

周销售预测总量达成率＝周实际完成合格品入库的总数量 ÷ 周实际销售预测总数量 ×100%

2. 销售预测总量达成率

当月四周销售预测总量达成率的平均值。

销售预测总量达成率=∑周销售预测总量达成率 ÷4×100%

3. 工时利用率

某制造部门当月产出总定额工时与投入总工时之比。

工时利用率＝当月产出总定额工时 ÷ 当月投入总工时 ×100%

其中：

产出总定额工时＝制造单合格品入库数量 × 对应产品的定额工时

投入总工时＝某制造部门的全部直接员工［不含拉长、LQC（Line Quality Control，生产线品质控制）员、统计员、收发员等］的实际出勤时间总和

4. 设备完好率

全公司投入生产的设备中，当月可以正常投入生产运行的设备（含闲置完好设备）占有上月底全公司所有可用设备总数的比例。

设备完好率＝设备完好总数 ÷ 上月底全公司可用设备总数 ×100%

5. 人员招聘达成率

人力资源部配合各部门的人员需求计划，在规定的时间内实际招到的员工总人

数占当月计划招聘总人数的比例。

人员招聘达成率＝规定的时间内实际招到的员工总人数 ÷ 当月计划招聘总人数 ×100%

说明：未按规定时间招到的人员数量不计入当月实际招到的员工总人数中。

6. 产品开发完成率

当月规定时间内实际开发完成的产品总数占当月计划开发完成的产品总数的比例。

产品开发完成率＝规定时间内实际开发完成的产品总数 ÷ 当月计划开发完成的产品总数 ×100%

说明：未按规定时间完成的不计入当月实际完成数量；当月计划开发的新产品指的是产品设计书已经评审完毕且相关产品已经立项的产品；当月立项的新产品开发完成的标志是已经过市场部相关人员签名确认。

7. 日制造单总量达成率

根据 PMC 员下达给各生产部门计划某日生产完工的制造单，各生产部门在计划完工日期内实际完工的总入库合格品数量与计划完工日期所有制造单的总开单数量之比。

日制造单总量达成率＝某日实际完成对应制造单的合格品入库数量 ÷ 某日计划完工的制造单开单数量 ×100%

8. 日制造单批次达成率

根据 PMC 员下达给各生产部门计划某日生产完工的制造单，各生产部门在计划完工日期内实际完工的总入库合格品数量等于制造单开单数量的批次（含因特殊原因由 PMC 员人工结案的制造单批次）与计划完工日期所有制造单的总批次之比。

日制造单批次达成率＝某日实际完成对应制造单的合格品入库数量等于制造单开单数量的批次（含因特殊原因由 PMC 员人工结案的制造单批次）÷ 某日计划完工的制造单批次 ×100%

9. 制造单总量达成率

当月累计日制造单总量达成率的平均值。

制造单总量达成率＝∑日制造单总量达成率 ÷ 当月实际生产开工天数 ×100%

10. 制造单批次达成率

当月累计日制造单批次达成率的平均值。

制造单批次达成率＝∑日制造单批次达成率 ÷ 当月实际生产开工天数 ×100%

11. 采购计划批次达成率

根据当月 PMC 员下达给采购部并要求在当月交货的采购计划，采购部按采购计划中的要求到货日期下单采购，已下达采购订单中的采购数量等于采购计划下达数量的总批次与当月采购计划总批次之比。

采购计划批次达成率＝某月实际下达对应采购计划的采购订单中采购数量等于采购计划下达数量的批次 ÷ 某月已下达采购计划的批次 ×100%

12. 采购单批次达成率

采购部当月下达给供应商并要求在当月交货的采购订单，在采购订单规定要求到货的日期前到货，且合格品验收入库的总数量等于对应采购订单的下达数量的总批次与当月下达给供应商的采购订单总批次之比。

采购单批次达成率＝某月实际下达的采购订单合格品验收入库数量等于对应采购订单的下达数量的批次 ÷ 某月实际已下达采购订单的批次 ×100%

13. 采购单提前交货批次率

采购部当月下达给供应商并要求在当月交货的采购订单，在采购订单规定的要求到货时间前 5 天及以上到货，并办理合格品验收入库的总数量等于对应采购订单的下达数量的总批次与当月下达给供应商的采购订单总批次之比。

采购单提前交货批次率＝某月提前到货的采购订单合格品验收入库数量等于对应采购订单的下达数量的批次 ÷ 某月实际已下达采购订单的批次 ×100%

14. 采购单退货不及时率

供应商已经送货到厂的物料，在 IQC（Incoming Quality Control，来料质量控制）检验时已判定来料不良或办理正常入库手续发到制造部门后判定来料不良，自判定来料不良退货之日起，与供应商在 7 日内办理了正常的退货手续视为正常退货，超出 7 天的视为退货不及时，当月所有来料不良退货不及时的批次与当月所有来料不良退货的总批次（扣除在月底待退并在 7 天内尚未退的批次）之比。

采购单退货不及时率＝当月所有来料不良退货不及时的批次 ÷ 当月所有来料不良退货的总批次（扣除在月底待退并在 7 天内尚未退的批次）×100%

15. 来料检出及时率

当月供应商已经送货到厂的物料，IQC 员在检验提前期规定的时间内检验并给出检验报告的总批次与当月供应商送货总批次之比。

来料检出及时率 =IQC 员在检验提前期规定的时间内检验并给出检验报告的总批次 ÷ 当月供应商送货总批次 ×100%

三、成本指标

1. 呆滞物料率

当月仓储部累计产生的呆滞物料的总价值占当月公司所有可用仓物料总价值之比。

呆滞物料率 = 当月仓储部累计产生的呆滞物料的总价值 ÷ 当月公司所有可用仓物料总价值 ×100%

2. 总盘亏率

当月某生产部门 WIP（Working in Process，ERP 中指在制品或流水线）仓盘亏物料的总价值或某仓库盘亏物料的总价值与当月对应 WIP 仓实际账面总价值或某仓库实际账面总价值之比。

总盘亏率 = 当月某生产部门 WIP 仓盘亏物料的总价值或某仓库盘亏物料的总价值 ÷ 当月对应 WIP 仓实际账面总价值或某仓库实际账面总价值 ×100%

3. 总损耗率

某部门某月累计损耗的总价值（含总的盘亏物料、制程不良物料、生产批次不良物料、生产部门自身因素导致的报废成品 / 半成品等的总价值）与当月某部门累计验收入库合格品定额物料的总价值加上某部门某月累计损耗的总价值之比。

总损耗率 = 某部门某月累计损耗的总价值 ÷（当月某部门累计验收入库合格品定额物料的总价值 + 某部门某月累计损耗的总价值）×100%

4. 投入产出比

部门当月的生产总产值与当月员工总工资之比。

投入产出比 = 当月的生产总产值 ÷ 当月员工总工资 ×100%

四、品质指标

1. 来料不良批次率

当月供应商已经送货到厂的物料，在 IQC 员检验时已判定来料不良或办理正常入库手续发到制造部门后判定来料不良，当月来料 IQC 判定来料不良的总批次与当月供应商已经送货到厂物料总批次之比。

来料不良批次率 = 当月来料 IQC 判定来料不良的总批次 ÷ 当月供应商已经送货到厂物料总批次 ×100%

2. 总批次制程不良次数

制造部门在生产过程中，因为制造部门自身操作原因导致某种型号的制造单出现批次不良，每一制造单明细计为一次。

3. 客户品质投诉次数

市场部出货给客户后，客户对出货产品的品质问题提出投诉，每一个投诉记为一次。

4. 来料检出准确率

IQC 当月检出的合格品，经过各生产部门综合反映，仍然出现来料不良等异常反馈，当月检出合格品总批次扣除当月各生产部门所反馈的当月来料出现来料不良等异常的总批次占有当月检出合格品总批次的比例。

来料检出准确率＝（1－当月各生产部门所反馈的当月来料出现来料不良等异常的总批次 ÷ 当月检出合格品的总批次）×100%

5. 来料合格批次率

当月 IQC 检出批合格品数量等于对应批送检数量的总批次占有当月送检总批次的比例。

来料合格批次率＝当月 IQC 检出批合格品数量等于对应批送检数量的总批次 ÷ 当月送检总批次 ×100%。

6. LQC 功能不良率

当月经 LQC 一次性检出的功能不良之和占当月总检测数量之和的比例。

LQC 功能不良率＝当月每日 LQC 检出的功能不良数量之和 ÷ 当月每日 LQC 的总检测数量之和 ×100%

7. LQC 外观不良率

当月经 LQC 一次性检出的外观不良之和占当月总检测数量之和的比例。

LQC 外观不良率＝当月每日 LQC 检出的外观不良数量之和 ÷ 当月每日 LQC 的总检测数量之和 ×100%

8. FQC（Final Quality Control，成品品质控制）功能不良率

当月经 FQC 一次性检出的功能不良之和占当月总检测数量之和的比例。

FQC 功能不良率＝当月每日 FQC 检出的功能不良数量之和 ÷ 当月每日 FQC 的总检测数量之和 ×100%

9. FQC 外观不良率

当月经 FQC 一次性检出的外观不良之和占当月总检测数量之和的比例。

FQC 外观不良率＝当月每日 FQC 检出的外观不良数量之和 ÷ 当月每日 FQC 的总检测数量之和 ×100%

10. 插机不良率

当月检测插机不良总数量占当月检测总数量的比例。

插机不良率＝当月检测插机不良总数量 ÷ 当月检测总数量 ×100%

五、工作质量指标

1. 制造单错误次数

PMC 员将制造单下达给相关制造部门后，制造部门发现制造单中的型号或数量出现较为明显的错误，制造单中一个明细错误计为一次。

2. 采购计划错误次数

PMC 员将采购计划下达给采购部后，采购部发现采购计划中的型号或数量出现较为明显的错误，采购计划中一个明细错误计为一次。

3. 单据录入错误次数

各相关部门在录入单据时，由于单据类型、部门（客户或供应商、委外商）、物料编码、单价（含相应的付款条件、发票类型等）、数量（或制造单、采购单不遵循最小批量）、存放仓储部、来源单据批号等错误而造成数据统计及分析不准确，每一个单据中只要出现上述任一个错误，均表示该单据一个明细错误，单据中一个明细错误计为一次。

4. 审核单据错误次数

各相关部门录入单据后，其对应的单据审核部门没有及时发现单据中的错误（若及时发现单据中的错误，计为上一部门单据录入错误），而按正常的单据审核通过，而造成数据统计及分析不准确，每一个已出现错误的单据正常审核，每一张单据计为一次。

5. 物料编码错误次数

研发部将物料编码录入到 ERP 系统后，PMC 员发现编码或相关信息错误或研发部录入后经相关使用部门反馈编码或相关信息错误，再经由研发部通知各相关使用部门修改编码及相关信息的，均计为物料编码错误，每一个物料编码的修改计为一次。

6. BOM（Bill of Material，物料清单）错误次数

研发部将 BOM 录入到 ERP 系统后，PMC 员发现 BOM 错误或研发部录入后经相关使用部门反馈 BOM 错误，再经由研发部通知各相关使用部门修改 BOM 的，均计为 BOM 错误，每一个 BOM 的修改计为一次。

7. 发料准确率

仓储部在向制造部门发出物料时，所发出的物料与对应领料单明细中的物料信息不一致，造成制造部门生产无法正常进行的，表现为当月发出物料正确的总批次占当月总发料批次的比例。

发料准确率 = 当月发出物料正确的总批次 ÷ 当月总发料批次 ×100%

四、确定考核周期

考核周期的形式如图 3-6 所示。

图 3-6　考核周期的形式

考核周期要视需要考核工作的具体内容而定。如果是一个能完成的工作，自然要按季度考核。有些工作既可以月度考核，又可以在季度考核的时候，把握最有利于被考核者的原则。对于基层岗位，若考核周期过长，反馈不及时，对于被考核者的激励作用就会明显削弱。而对于高层岗位，由于其形成工作成果需要较长的周期，则考核周期要长一些。

区分考核周期的方式如表 3–2 所示。

表 3-2　区分考核周期的方式

序号	方式	说 明
1	每期考核	一般以一个月为标准。适用于以下情况。 （1）一年内每期的目标计划相对比较平衡，波动比较小，内部可控的项目； （2）绩效数据跨期比较少的项目
2	滚动考核	在对下期目标进行考核时，同时将上期的数据进行平均处理，一般以季度或者半年为滚动期。适用于以下情况。 （1）考核项目跨度较长的项目； （2）制订计划时不确定因素较多的项目
3	叠加考核	对滚动考核方式的延伸，一般以年为考核周期，以避免计划不准确导致的误差。将全年的数据进行叠加，计算最后的目标完成情况

五、分级设定考核目标

（一）目标的分级

（1）最低目标的设立。最低目标是组织的最低期望，出现这个数值时企业绩效将会受到较大的损害，当绩效结果低于这个数据时，该项考核得分为 0。

（2）最高目标的设立。最高目标是现实中有可能实现的目标，但难度非常大，当绩效结果高于这个数据时，该项考核得分为配分的 120% 或 150%。

（3）考核目标的设立。考核目标是组织的正常期望，并且 70% 的人通过正常努力都可以达到的目标，当绩效结果等于这个数据时，可以得到该项配分的 100%。

（二）确定项目目标方法

（1）内部历史数据法。
（2）外部竞争数据法。
（3）假设求证法。

（三）需要考虑的因素

（1）分解企业目标数据。
（2）同行数据。
（3）国家标准或法律法规。
（4）企业目前所处的现状。
（5）顾客的要求。
（6）企业的现有资源情况。

绩效考核目标值示例如表 3-3 所示。

表 3-3　绩效考核目标值示例

指标名称	目标值	备　注
销售目标完成率	≥ 90%	
产品熟悉度	≥ 90 分	
应收账款逾期率	≤ 10%	

范本

管理绩效指标分级

管理绩效指标及定义如下表所示。

管理绩效指标定义表

指标	等级及标准			
	A：超出目标	B：达到目标	C：接近目标	D：远低于目标
工作任务管理	工作安排非常合理，工作完成非常出色	工作安排合理，绝大部分工作按时、按质完成	工作安排不够合理，工作没有完全完成	工作安排非常不合理，工作完成很差

续表

指标	等级及标准			
	A：超出目标	B：达到目标	C：接近目标	D：远低于目标
人员管理	员工的工作与其能力非常匹配，非常善于调动员工的积极性，对员工的评价、奖惩十分合理	员工的工作与其能力比较匹配，善于调动员工的积极性，对员工的评价、奖惩合理	部分员工的工作与其能力不匹配，有时不能调动员工的积极性，对员工的评价、奖惩偶尔有不合理之处	很多员工的工作与其能力不匹配，基本不能调动员工的积极性，对员工的评价、奖惩很不合理

范本

周边绩效指标分级

周边绩效指标及定义如下表所示。

周边绩效指标定义表

指标	等级及标准			
	A：超出目标	B：达到目标	C：接近目标	D：远低于目标
协作及时性	其他部门或人员提出合理工作协助要求时，每次及时响应，解决问题远低于预期时间，协助工作完成后，每次都及时将完成情况反馈到要求协助部门或人员	其他部门或人员提出合理工作协助要求时，多数及时响应，解决问题在预期时间内，协助工作完成后，多数能及时将完成情况反馈到要求协助部门或人员	其他部门或人员提出合理工作协助要求时，少数及时响应，解决问题超出预期时间，协助工作完成后，偶尔能及时将完成情况反馈到要求协助部门或人员	其他部门或人员提出合理工作协助要求时，从不及时响应，对于需协助解决的问题根本不处理，协助工作完成后，从来没有及时将完成情况反馈到要求协助部门或人员
服务质量	其他部门对协助工作结果非常满意	其他部门对协助工作结果比较满意	其他部门对协助工作结果不太满意	其他部门对协助工作结果很不满意

范本

态度评价指标分级

态度评价指标及定义如下表所示。

态度评价指标定义表

指标	等级及标准			
	A：超出目标	B：达到目标	C：接近目标	D：远低于目标
积极性	长期坚持学习业务知识；对于额外任务能主动请求并且能高质量完成；工作中善于发现问题，并经常提出新思路和建议	主动学习业务知识；主动承担一般的额外任务；工作中有时能够提出新的思路和建议	偶尔主动学习业务知识；有时主动完成一般额外任务；能提出个别的新思路和建议	基本上不主动学习业务知识；很少主动请求承担额外任务；不能提出新思路和建议
协作性	主动协助同事出色地完成工作	能够与同事保持良好的合作关系，协助完成工作	根据同事的请求能够提供一般协助	不能积极响应同事的请求或者协作任务的完成质量较差
责任心	工作有强烈的责任心	工作有较强的责任心	工作有一定的责任心	工作责任心不强
纪律性	能够长期严格遵守工作规定与标准，有非常强的自觉性和纪律性	能够遵守工作的规定和标准，有较强的自觉性和纪律性	基本能够遵守工作规定和标准，基本能够遵守纪律，但有时出现自我要求不严的情况	不能遵守工作规定和标准，经常发生违规情况，自觉性和纪律性差

范本

能力评价指标分级

此部分由若干项目组成，每个项目包括几个指标。

一、人际交往能力

人际交往能力评价指标及定义如下表所示。

人际交往能力评价指标定义表

项目	等级及标准			
	A：超出目标	B：达到目标	C：接近目标	D：远低于目标
关系建立	易与他人建立可信赖的积极发展的长期关系	能够与他人建立可信赖的长期关系	较为自我，不易与他人建立长期关系	刚愎自用，不易与他人相处，自我封闭
团队合作	善于与他人合作共事，相互支持，充分发挥各自的优势，保持良好的团队工作氛围	能够与他人合作共事，相互支持，保证团队任务的完成	团队合作精神不强，对工作有影响	不能与他人很好合作，独断专行
解决矛盾	巧妙地和建设性地解决不同矛盾	能够解决已发生的矛盾，不致对工作产生大的负面影响	解决矛盾手法生硬，影响工作顺利进行	遇到矛盾不知如何解决
敏感性	对他人较关心，容易感知别人的想法，体谅他人，善于领会他人的请求，并付之于适当的言行	能关心他人，体谅他人，领会他人的请求，有时帮助想办法解决	有时能关心他人，体会人的苦衷	不太关心他人，对他人的需求毫无感觉

二、影响力

影响力评价指标及定义如下表所示。

影响力评价指标定义表

项目	等级及标准			
	A：超出目标	B：达到目标	C：接近目标	D：远低于目标
团队发展	易于与他人沟通，积极促进团队协作，在团队中是自然的核心人物，并能引导团队达到组织目标	能够根据公司要求努力促进团队的协作和沟通，使工作顺利开展	尚能与人合作，但协调不善，影响工作	无法与人协调
说服力	能够表述自己的主张、论点及理由，比较容易说服别人接受某一看法与意见	能说服下级、同事、上级接受某一看法与意见	说服别人比较困难	无法说服别人，或咄咄逼人，或逃避退让

续表

项目	等级及标准			
	A：超出目标	B：达到目标	C：接近目标	D：远低于目标
应变能力	待人处事很灵活，善于审时度势，很容易适应岗位、职位或管理的变化所带来的冲击，并能顺应其变化很快适应环境，取得主动	待人处事较灵活，能够根据公司要求，认可公司变化所带来的冲击，并能顺利地完成转变	对公司的变化或角色的转变不太适应，工作开展有困难	待人处事刻板，适应性差
影响能力	能积极影响他人的思维方式和发展方向	能以自己积极的言行带领大家努力工作	有时能影响他人	对他人几乎无影响力或完全操纵利用他人

三、领导能力

领导能力评估指标及定义如下表所示。

领导能力评价指标定义表

项目	等级及标准			
	A：超出目标	B：达到目标	C：接近目标	D：远低于目标
评估	能合理评价他人的技能和绩效，使下属心服口服，并能使下属明确努力方向	能较为合理地评价他人的技能和绩效，指出其不足	能够按公司要求对他人作评估	无法正确评估他人
反馈和培训	善于了解下属需要，通过一对一的反馈和培训以帮助他人成长和发展	能够根据实际情况，通过培训和反馈帮助他人成长和发展	不能很好地利用反馈和培训的手段	对下属的工作无反馈和培训
授权	善于分配工作与权力，并能积极传授工作知识，引导下属完成任务	能够顺利分配工作与权力，有效传授工作知识，完成任务	欠缺分配工作、权力及指导下属的方法，任务进行偶有困难	不善分配工作与权力，缺乏指导员工的方法，内部时有不服怨言

续表

项目	等级及标准			
	A：超出目标	B：达到目标	C：接近目标	D：远低于目标
激励	了解他人的需求，善于引导下属积极主动地工作，用奖励和表彰等方式提高积极性，并使员工积极努力地工作	有制度，能够利用奖励和表彰等方式提高员工积极性	有一定的制度，但不能充分发挥作用，无改进措施，员工积极性不高	工作主要靠命令与指示
建立期望	善于与员工沟通，给下属订立明确合理的工作目标和标准并建立合理的期望	能够与员工沟通，给下属订立明确的期望目标和标准	能够给下属订立工作标准和分配任务	无法给员工建立期望
责任管理	能够充分与下属沟通，督导员工的工作进展及时反馈和培训，让下属对自己的工作担负责任	能够与下属沟通，注重过程管理，指导和协助员工完成任务	虽能与员工沟通但缺乏对员工的指导和协助	放任自流

四、沟通能力

沟通能力评价指标及定义如下表所示。

沟通能力评价指标定义表

项目	等级及标准			
	A：超出目标	B：达到目标	C：接近目标	D：远低于目标
口头沟通	简明扼要，具有出色的谈话技巧，易于理解	抓住要点，表达意图，陈述意见，不太需要重复说明	语言欠清晰，但尚能表达意图，有时需反复解释	含糊其词，意图不明
倾听	能够很好地倾听别人的倾诉，很快明白倾诉人的想法和要求	能够注意倾听，力求明白	能够倾听，有时一知半解	不注意倾听，常常不知对方所云
书面沟通	表达清晰、简洁，易于理解，无可挑剔	几乎不需修改补充，比较准确地表达意见	文章不够通顺，但尚能表达清楚主要意图	文理不通，意图不清，需作大修改

五、判断和决策能力

判断和决策能力评价指标及定义如下表所示。

判断和决策能力评价指标定义表

项目	等级及标准			
	A：超出目标	B：达到目标	C：接近目标	D：远低于目标
战略思考	能透过现象看本质，把握组织面临的挑战和机会，兼顾短期和长远目标	能够根据现状，了解组织面临的挑战和机会	主要忙于事务性工作，有时也会注意公司的前景和对策等问题	对公司的将来不太关心，也不注意工作上可能出现的机会和挑战
创新能力	工作中能不断提出新想法、新措施，善于学习，注意规避风险，锐意求新，在工作中有较大创新	工作中能够努力学习，提出新想法、新措施与新的工作方法并有风险意识	按部就班，很少提出新想法、新措施与新的工作方法	因循守旧，墨守成规
解决问题的能力	能迅速理解并把握复杂的事物，发现明确关键问题，找到解决办法	问题发生后，能够分辨关键问题，找到解决办法，并设法解决	发生问题，能够去想解决办法，但有时抓不住关键	遇到问题，束手无策
推断评估能力	对所做决策有良好的权衡和判断评估	大致能作出正确的判断和评估	对事物有大概的判断和评估，缺乏方法和手段，结果不十分可信	对日常工作经常判断失误，耽误工作进程
决策能力	善于确定决策时机，提出可行方案，合理权衡，优化选择，对困难的事处理果断得当	善于确定决策时机，提出可行方案，但在权衡、选择时偶有适当，大多数日常事务处理果断得当	能够确定决策时机，但很少提出可行方案，常求助于幕僚	遇事优柔寡断，缺乏主见

六、计划和执行能力

计划和执行能力评价指标及定义如下表所示。

计划和执行能力评价指标定义表

项目	等级及标准			
	A：超出目标	B：达到目标	C：接近目标	D：远低于目标
准确性	能够按照计划严格执行，并确保在每个细节上减少差错	能按照计划执行，比较注意细节，偶有差错发生并能迅速改正	能大致按计划执行，不太注意细节，偶有差错发生	工作无计划，随意，常出差错
效率	时间和资源的利用达到最佳，工作效率高，完成任务速度快，质量高，效益好	工作效率尚可，能分清主次，能够按时完成工作，基本保证质量	工作效率较低，需要别人帮助才能完成任务	工作不分主次、效率低，经常完不成任务
计划和组织	具有极强的制订计划的能力，能自如地指挥调度下属，通过有效的计划提高工作效率，以最佳的结果为目的	能根据公司的要求，制订相应程序和计划，在权限范围内配置资源，明确目标和方针，以及确保供应的保障	制订计划和组织实施有难度，需要别人帮助方能进行	做事无计划，缺乏组织能力

七、了解客户需求的能力

了解客户需求的能力评价指标及定义如下表所示。

了解客户需求的能力评价指标定义表

项目	等级及标准			
	A：超出目标	B：达到目标	C：接近目标	D：远低于目标
客户管理	善于与客户沟通，准确、敏锐地把握客户的真实需求，有广泛的人际关系	能够与客户沟通，了解客户需求，为争取项目而维持良好的关系	能够与客户沟通，为争取项目而努力，但不能准确、敏锐地把握客户的真实需求	与客户沟通有困难，不能很好地了解客户需求
谈判能力	具备完善的客户管理能力，善于引导双方关系，提高争取项目的成功率	有较好的客户管理能力，能够引导客户期望，有助于争取项目	有简单的客户管理能力，能够与客户建立关系，但对项目争取无帮助作用	无客户管理能力，不能与客户建立良好关系

续表

项目	等级及标准			
	A：超出目标	B：达到目标	C：接近目标	D：远低于目标
了解客户需求	较高的谈判技巧，善于把握对方风格，控制情绪，引导谈判进程，成功率高	掌握一定的谈判技巧，积极促成谈判成功	谈判中表现努力，但不够灵活耐心，有时因谈判技巧不足无法促成谈判成功	无谈判技巧，致使谈判失败

八、专业知识与技能

专业知识与技能评价指标及定义如下表所示。

专业知识与技能评价指标定义表

项目	等级及标准			
	A：超出目标	B：达到目标	C：接近目标	D：远低于目标
基础知识	知识面广博，自然科学和社会科学知识都很丰富，对某些问题有较深研究	知识面较广，对自然科学和社会科学知识都有较多了解	知识面一般，除本行业知识外，对其他知识仅略知一二	知识面较窄，除本行业外，对其他知识了解甚少
专业知识	系统全面掌握本专业理论知识，对某些问题有独立见解，是本专业内的行家	掌握本专业的理论知识，具有一定的深度	一般地掌握本专业的知识，能够满足工作要求	对本专业知识仅有粗浅的了解，影响工作的正常开展
实务知识	全面掌握实务知识，精通实务内容，除出色完成本职工作外，还能指导同事的工作	掌握实务知识，能出色完成本职工作，一定程度指导同事的工作	基本掌握实务知识，能独立处理较为复杂的实务工作	实务知识没有完全掌握，需要同事的帮助才能完成工作
技能技巧	本职工作操作和处理关系娴熟，具有各种本职工作所需要的资格证书	具有本职工作所需要的资格证书，工作过程中熟练处理各类关系	熟悉本职工作流程，能完成工作任务，但有些吃力	对本职工作不够熟悉，基本技能不完全具备，不能独立完成工作任务

六、确定绩效考核的计算方法

接下来要确定绩效考核的计算方法，计算的方法如表 3-4 所示。

表 3-4 计算方法

方法	要点描述	优 点	不 足	适用情景
倒扣型	·不需要考虑太多的其他因素，发现一次扣一次	·操作简便 ·数据来源直观	·偶然性大 ·增分的可能性小，易挫伤积极性	·重大、禁止发生的项目 ·发生较小或统计成本太高的项目
统计型	·统计结果，形成一个数值 ·绩效目标与计算结果往往是一个数值	·列出数据收集范围与统计方式即可，易操作	·不易体现实际完成与目标之间的比例关系	·绝对值比相对值更有考评价值的项目 ·数据收集难的项目
比例型	·实际完成值与预计期望值之比 ·绩效目标与计算结果往往是一个百分比值	·通过公式计算，结果比较精确 ·强调实绩与目标的比例，更能体现责任者的完成程度	·公式不易列准确 ·分子、分母数据收集难度大	·数据性较强的项目 ·数据来源稳定的项目 ·强调完成率的项目 ·数值绝对值较大的项目

七、标明考核数据来源

最后一个环节，需要将每个指标标明数据来源部门和来源文件，以便于考核时向对口部门索取数据。解决数据来源问题，需要注意以下四点。

（1）避免绩效数据来源与考核对象为同一人或同一部门，防止考核数据做假。

（2）分子分母的每一个数据都应有具体的来源，便于及时发现存在的问题，进而采取针对性的措施进行改善。

（3）数据来源于多个岗位或部门时要加以甄别。

（4）多个部门相互提供绩效数据时要验证。

数据来源的标记样式如表 3–5 所示。

表 3-5 数据来源的标记样式

指标名称	数据来源		备注
	信息统计人	数据提供人	
销售目标完成率	销售统计员	财务部会计	
产品熟悉度	直属上级	人力资源部	
应收账款逾期率	财务部会计	财务部会计	

范本

某企业财务类绩效指标辞典

关键绩效指标	指标定义 / 计算公式	数据来源
净资产收益率	净资产收益率 =（净利润 / 平均净资产）×100%	企业年度会计报表
总资产报酬率	总资产报酬率 =（息税前利润总额 / 平均资产总额）×100%	利润及利润分配表和基本情况表
总资产周转率	总资产周转率（次）= 主营业务收入净额 / 平均资产总额	利润及利润分配表
流动资产周转率	流动资产周转率（次）= 主营业务收入净额 / 平均流动资产总额	资产负债表
资产负债率	资产负债率 =（负债总额 / 资产总额）×100%	资产负债表
已获利息倍数	已获利息倍数 = 息税前利润总额 / 利息支出	利润及利润分配表和基本情况表
销售（营业）增长率	销售（营业）增长率 =（本年主营业务收入增长额 / 上年主营业务收入总额）×100%	利润及利润分配表和基本情况表
资本积累率	资本积累率 =（本年所有者权益增长额 / 年初所有者权益）×100%	资产负债表
资本保值增值率	资本保值增值率 =（扣除客观因素后的年末所有者权益 / 年初所有者权益）×100%	资产总量及保值增值情况表
主营业务利润率	主营业务利润率 =（主营业务利润 / 主营业务收入净额）×100%	利润及利润分配表
盈余现金保障倍数	盈余现金保障倍数 = 经营现金净流量 / 净利润	现金流量表
成本费用利润率	计算公式成本费用利润率 =（利润总额 / 成本费用总额）×100%	利润及利润分配表
存货周转率	存货周转率（次）= 主营业务成本 / 存货平均余额	利润及利润分配表
应收账款周转率	应收账款周转率（次）= 主营业务收入净额 / 应收账款平均余额	资产负债表及资产减值准备、投资及固定资产情况表
不良资产比率	不良资产比率 =（年末不良资产总额 / 年末资产总额）×100%	资产负债表和基本情况表
现金流动负债比率	现金流动负债比率 = 年经营现金净流量 / 年末流动负债 ×100%	资产负债表

续表

关键绩效指标	指标定义 / 计算公式	数据来源
新业务增长率	新业务增长率 =（当年新业务收入净额 / 当年主营业务收入净额）×100%	基本情况表
内销额增长率	内销额增长率 =（当年内销收入净额 − 上年内销收入净额）/ 上年内销收入净额 ×100%	利润及利润分配表
速动比率	速动比率 =（速动资产 / 流动负债）×100%	资产负债表
三年资本平均增长率	三年资本平均增长率 =（年末所有者权益总额 / 三年前年末所有者权益总额 −1）×100%	资产负债表
三年销售平均增长率	三年销售平均增长率 =（当年主营业务收入总额 / 三年前主营业务收入总额 −1）×100%	利润及利润分配表
技术投入比率	技术投入比率 =(当年技术转让费支出与研发投入 / 当年主营业务收入净额）×100%	基本情况表

范本

某企业组织类绩效指标辞典

关键绩效指标	指标定义 / 计算公式	数据来源
经营者基本素质	指企业现任领导班子的智力素质、品德素质和能力素质等，具体包括知识结构、道德品质、敬业精神、开拓创新能力、团结协作能力、组织能力和科学决策水平等因素	人力资源部人员情况报表
产品市场占有能力	指企业主导产品由于技术含量、功能性质、质量水平、品牌优势、营销策略等因素决定的占有市场的能力。可以借助企业销售收入净额与行业销售收入净额的比值来加以判断	企业经营计划
基础管理水平	指企业在生产经营过程中形成和运用的维系企业正常运转及生存与发展的企业组织结构、内部经营管理模式、各项基础管理制度、激励与约束机制、信息支持系统、安全生产管理等的建设及贯彻执行状况	企业管理年报

续表

关键绩效指标	指标定义 / 计算公式	数据来源
发展创新能力	指企业在市场竞争中为保持竞争优势，不断根据外部环境进行自我调整和革新的能力。包括管理创新、产品创新、技术创新、服务创新、观念创新等方面的意识和能力	人力资源考核报告
经营发展战略	指企业所采用的包括科技投入、产品开发、市场营销、更新设备、项目规划、资产重组、资本筹略及人力资源等各方面的谋划和策略	企业经营计划
在岗员工素质状况	指企业普通员工的文化水平、道德水准、专业技能、组织纪律性、参与企业管理的积极性，及爱岗敬业精神等方面的综合情况	人力资源部人员统计表
技术装备更新水平（服务硬环境）	技术装备更新水平是工业企业专用的评价指标，指企业主要生产设备的先进程度和生产适用性、技术水平、开工及闲置状况、更新改造情况、技术投入水平以及采用环保技术措施等情况。服务硬环境是指商场等商贸、服务场所的装饰装潢、环境卫生、设备性能等硬件设施情况	固定资产统计表
综合社会贡献	指企业对经济增长、社会发展、环境保护等方面的综合影响。主要包括对国民经济及区域经济增长的贡献、提供就业和再就业机会、履行社会责任与义务以及信用操守情况、对财政税收的贡献和对环境的保护影响等	人力资源部统计报表

范本

某企业营运类绩效指标辞典

关键绩效指标	指标定义 / 计算公式	数据来源
人力成本总额控制率	（实际人力成本 / 计划人力成本）×100%	企业年度会计报表
书面的流程和制度所占的百分比（ISO 标准）	（书面的流程和制度数目 / 所有需要制定的流程和制度总数）×100%	需书面化的流程与制度规定
各部门预算准确率	（1− 超出或未达成预算 / 部门预算）×100%	各部门费用的预算达成率

续表

关键绩效指标	指标定义 / 计算公式	数据来源
股东及董事满意度	股东及董事对董办工作的满意度	满意度调查
与股东、董事沟通的及时性、准确性	及时、准确地与股东、董事沟通的程度	上级评价
工作制度和工作流程实施、改进比率	（实施的新制度和流程数 / 制定的新制度和流程总数）×100%	集团组织评估
创新建议采纳率	（被采纳的创新建议数量 / 部门建议总数量）×100%	创新建议采纳记录
员工培训与激励满意度	满意度调查问卷对应项的平均得分	集团组织评估
企业文化建设任务达成率	（实际达到的企业文化建设效果 / 预期达到的效果）×100%	工作记录
机构内设控制率	（集团下的实际部门及岗位设置数 / 计划数）×100%	人力资源部上报文件
人员编制控制率	（实际人员编制 / 计划人员编制）×100%	人力资源部上报文件
建立与国家研究部门及政府部门的联系	与国家研究部门及政府部门联系的广泛与密切程度	上级评价
绩效考核按时完成率	（按时完成的绩效考核数 / 绩效考核总数）×100%	绩效考核记录
工作目标按计划完成率	（实际完成工作量 / 计划完成量）×100%	工作记录
风险控制（账龄或余货倍数）情况	资信管理制度完善，账务记载完整、清晰，分公司、商业三账一致；按规定进行账龄（或余货倍数）分析，建立风险预警系统	集团组织评估
财务报表分析及时性及准确性	各种报表分析及其他财务资料报送及时、全面，内容正确，符合要求	工作记录
回款计划达成率	回款计划达成率 =（实际回款额 / 预算回款额）×100%	工作记录
部门工资福利控制率、编制	（实际人头费用 / 计划人头费用预算）×100% 工资等人力成本控制率达到 N%、编制不超编	人力资源部上报文件
关键人才流失率	流失率得分 =（1− 流失人数 / 总人数）×100%	人力资源部上报文件
工资总额控制率	集团所控制范围内工资总额不超预算的 N%	财务报告
人员选拔	选拔人员质量高、到岗周期短，各部门领导满意	人力资源部上报文件
部门员工满意度	部门满意度指标达到 N%（年终全体员工民主评议满意度达到 N%）	集团组织评估

续表

关键绩效指标	指标定义 / 计算公式	数据来源
组建学习型团队	学习完成率 =（参加学习次数 / 公司规定的学习次数）×100%	工作记录
制度执行	（100 分 − 每违反制度操作 1 次扣 10 分）× 权重	工作记录
部门费用预算目标达成率	（当期部门实际费用发生额 / 当期部门预算）× 100%	财务报告
文印管理	内部行文和印章管理出现差错一次扣 20 分，满分 100 分	工作记录
安全保卫重大事故发生率	安全保卫重大事故发生一次，此项指标为 0；没有发生此项指标为 1	工作记录
制度执行和建设	（100 分 − 每违反制度操作 1 次扣 10 分）× 权重	工作记录
设备维修及时率	设备维修及时率 = 设备维修完成时间 − 出现故障时间，小于 5 小时为 1，大于 5 小时为 0	集团组织评估
上级满意度（追踪、督办、协调、反馈）	满意度调查对应项的平均分值	工作记录
费用控制率	（当期部门实际费用发生额 / 当期部门预算）× 100%	工作记录
专项职能管理满意度	满意度调查对应项的平均分值	工作记录
确保会计信息真实准确	当期会计业务出错次数 / 当期完成会计业务量 ×100%	工作记录
按时编制与申报财务报表	当期及时编制与申报报表次数 / 当期应该编制与申报报表次数 ×100%	工作记录
推进实施全面预算管理制度	当期编制预算的岗位数 / 全公司岗位数 × 100%	工作记录
依法取得税收优惠政策	通过努力，取得公司尚未享有或优于已享有的优惠政策，实现合理避税	集团组织评估
质量控制目标	客户非关键质量问题的投诉一次扣 10 分；重大质量问题全扣。满分 100 分	工作记录
集团采购到货的及时率	没有在要求的到货时间以内到货的，出现一次扣 30 分（与需求方实现约定的除外，满分 100 分）	工作记录
采购质量	原辅包装材料合格率在 98% 以上得满分；合格率在 90% ~ 97%，扣 10 分；合格率在 90% 以下，全扣	工作记录
司机行车安全性	凡事故损失在 2000 元以上的大事故此项分数全扣；一般小事故扣 10 分。满分 100 分	工作记录

续表

关键绩效指标	指标定义／计算公式	数据来源
采购员廉政建设	每季度对采购人员进行一次廉正培训和检查，凡检查没有发现问题，得满分；出现问题此项全扣	集团组织
大小会议安排满意度	客户投诉一次扣10分；满分100分	集团组织
项目可行性分析报告完成率	可行性报告完成率＝（可行性报告数量／投资项目调研数量）×100%	集团组织评估
战略规划项目完成率	完成率＝（按照计划进度完成项目数／总项目数）×100%	工作记录
应收账款周转率	周转率＝收入／应收账款子均余额 ×100%	财务报告
固定资产管理	1分：没有完整及时的资产管理文档库 2分：有基本完整的资料，但更新不够及时 3分：有基本完整的资料，及时更新，及时统计 4分：能建立主动收集相关信息的渠道，确保固定资产无损失，制定相关的管理制度并监督执行 5分：超出领导期望	工作记录
建立档案管理体系	1分：文档不完整，整理不及时 2分：文档较完整，但整理不够及时 3分：文档无遗漏，所有文档进行了编号，能在规定或要求的第一时间提交 4分：有计划有系统地管理文档，建立文档收集渠道 5分：超出上级、员工的期望，满意程度高	工作记录
文件传递	1分：态度差，文件传递有差错 2分：态度较好，但文件传递不够准确 3分：文件传递及时准确，齐备，较少延迟 4分：100%准确，及时和齐备 5分：积极主动双向沟通，确保文件流转高效，100%准确及时	工作记录
车辆维护	1分：工作被动，有一定安全隐患 2分：工作较主动，但存在完全隐患 3分：按时完成车辆年审，及时保养和维修车辆，无安全隐患 4分：建立车辆管理档案，有计划地落实手续管理和车况维护，宣导培训交通安全 5分：超出上级员工的期望，满意程度高	工作记录

续表

关键绩效指标	指标定义 / 计算公式	数据来源
办公耗材等采购	1 分：不了解需求，耗材常常缺货 2 分：较了解需求，但采购不及时 3 分：有计划性地了解需求，及时采购 4 分：工作计划性强，及时，物美价廉，贵重耗材提交三家报价单，制定相应文具采购、维护、淘汰、更新管理办法 5 分：文具采购、维护、淘汰、更新管理办法的完善并有效执行	集团组织评估
年审、办证等手续的需求管理	1 分：态度一般，被动地完成基本工作 2 分：态度较好，但完成基本工作不够积极主动 3 分：及时收集，更新总部分公司的相关需求，掌握现状，较少差错 4 分：建设和执行标准化的高效的信息收集制度，更新流程体系，不断完善 5 分：培训指导分公司相关工作人员，确保手续所需资料完备，及时，准确，服务态度好，满意程度高	工作记录
总部办公信息发布	1 分：态度一般，被动地完成基本工作 2 分：态度较好，但完成基本工作不够积极主动 3 分：及时收集、整理，更新有关（会议、差旅等）信息，准确及时发布，较少差错 4 分：准确及时发布，无差错 5 分：主动开发新的信息服务类别、方式，有创新，超出主管期望，准确及时发布，没有差错	工作记录
接待工作	1 分：态度一般，被动地完成基本工作 2 分：态度较好，但完成基本工作不够积极主动 3 分：态度好，积极主动，合乎礼仪标准，较少投诉 4 分：态度好，积极主动，表现达到经理要求 5 分：态度好，热情，服务标准和效率超出主管和客户的期望，创新前台布置，充分提升公司形象	工作记录
合同审核	1 分：被动工作，不够熟悉公司业务与合同 2 分：工作较主动，但对公司业务与合同认识有欠缺 3 分：确保合同完整，易于理解，能够及时拟定 4 分：能引导和规范内部客户，提升合同制定和谈判的水平 5 分：内部客户对合同满意，合同条款对公司有利	工作记录

第四章

制订绩效计划

章前概述

绩效计划是管理者与员工双向沟通的过程，所以，这个计划应该是由管理者和被管理者共同制订。

思维导图

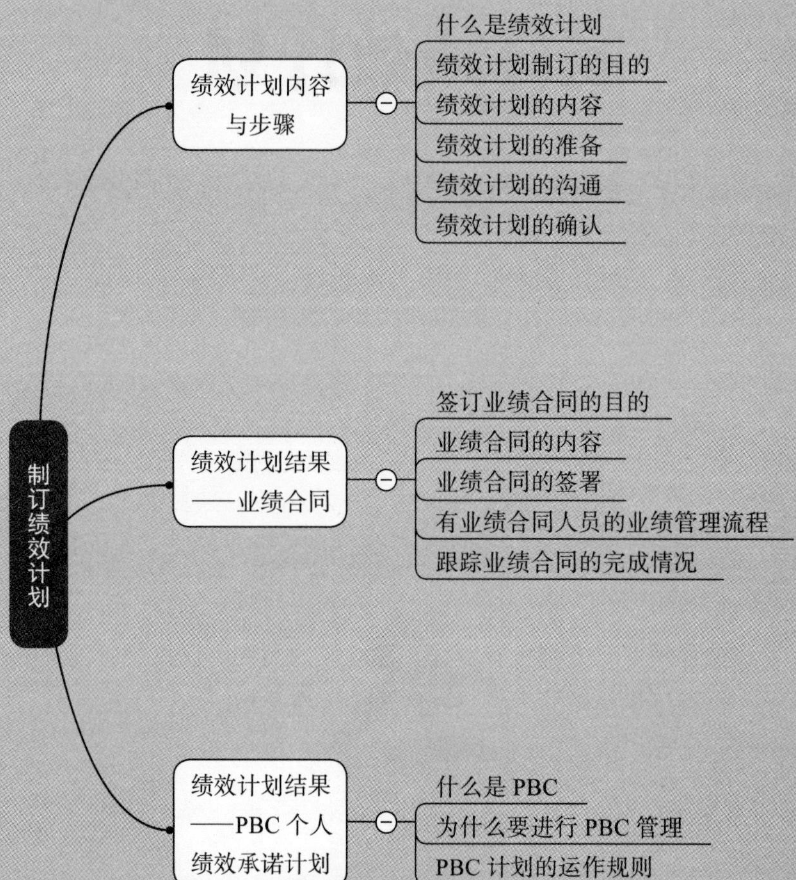

第一节 绩效计划内容与步骤

一、什么是绩效计划

绩效计划从静态的角度看，它就是一个关于工作目标和标准的契约；从动态的角度看，绩效计划就是管理人员和员工共同沟通，达成对员工的工作目标和标准的一致意见和契约的过程。

（一）绩效计划是关于工作目标和标准的契约

在绩效期开始的时候，管理人员和员工必须对员工工作的目标和标准达成一致的契约。在员工的绩效契约中，至少应该包括以下几个方面的内容。

（1）员工在本次绩效期间内所要达到的工作目标是什么？

（2）达成目标的结果是怎样的？

（3）这些结果可以从哪些方面去衡量，评判的标准是什么？

（4）从何处获得关于员工工作结果的信息？

（5）员工的各项工作目标的权重如何？

（二）绩效计划是一个双向沟通的过程

建立绩效契约的过程是一个双向沟通的过程。所谓双向沟通，也就意味着在这个过程中管理者和被管理者双方都负有责任。建立绩效契约不仅仅是管理者向被管理者提出工作要求，也不仅仅是被管理者自发地设定工作目标。

在双向沟通的过程中应当做到如下两点。

（1）管理人员需向员工解释、说明以下事项。

①组织整体的目标是什么？

②为了完成这样的整体目标，自己所在部门的目标是什么？

③为了达到这样的目标，对员工的期望是什么？

④对员工的工作应该制定什么样的标准？完成工作的期限应该如何制定？

（2）员工需向管理者表达以下事项。

①自己对工作目标和如何完成工作的认识。

②自己所存在的对工作的疑惑和不理解之处。

③自己对工作的计划和打算。

④在完成工作中可能遇到的问题和需申请的资源。

（三）绩效计划制订的前提是参与和承诺

在绩效计划中充分体现的一个原则就是员工参与，另外一个原则就是绩效的实施者要做出正式承诺。

当人们亲身参与了某项决策的制定过程时，他们一般会倾向于坚持立场，并且在外部力量作用下也不会轻易改变立场。大量的研究发现，人们坚持某种态度的程度和改变态度的可能性主要取决于两种因素。

（1）他在形成这种态度时卷入的程度，即是否参与态度形成的过程。

（2）他是否为此进行了公开表态，即做出正式承诺。

所以，在绩效计划阶段，最好让员工参与计划的制订，并且签订非常正规的绩效契约，也是让员工感到自己对绩效计划中的内容是做了很强的公开承诺的，这样他们就会更加倾向于坚持这些承诺，履行自己的绩效计划。

二、绩效计划制订的目的

（一）保证绩效计划贯彻实施

个人的工作计划要服从组织计划，同时，组织计划的实施，依赖于员工的工作。因此员工个人计划的好坏，直接关系到组织的生存和发展。另外，各个层次计划的制订，充分吸取员工意见，从而使员工有完成目标的动因和成就感。

（二）提供员工努力的方向和目标

（1）有了目标，有了对自身情况的清醒认识，员工就可以结合组织的目标方案，以及自身优劣势，与上级管理者协商确定开展工作的方式了。

（2）计划时需对所处环境及自身情况通盘考虑，这样有利于员工发现自己的优势所在，有什么不足，时机是否成熟，采取行动有什么障碍、威胁，从而审时度势，量力而行。了解在工作中需要得到什么样的支持，能得到哪些资源，便于和相关人员和部门交流，取得认同和帮助。对优势推波助澜，对劣势和威胁防患于未然。

（3）员工在分析了自身优劣势、机会与威胁之后，将这些信息反馈给管理者，这样有利于管理者了解情况，给予下属适时的支持和引导，采取措施防范风险，对员工的薄弱环节着重控制、指导。

（三）提供绩效评估和培训的依据

绩效计划是开展绩效管理第一步，就像摩天大楼的基石一样不可或缺。绩效计划包括员工的个人职业生涯规划、工作重新设计、目标以及行动方案。其中目标和行动方案是绩效管理借以评估的依据，个人职业生涯规划及绩效评估结果是组织提供培训时的参考系数。

三、绩效计划的内容

绩效计划是用于指导员工行为的一份计划书。简单地说，绩效计划包括两个方面的内容：做什么和如何做，具体为以下几点。

（1）员工在本绩效期间的主要工作内容和职责是什么？应达到何种工作效果？

（2）员工在本绩效期间应如何分阶段地实现各种目标，从而实现整个绩效期间的工作目标？

（3）员工在完成工作任务时拥有哪些权利，决策权限如何？

（4）员工从事该工作内容的目的和意义何在？工作的重要性排序如何？

（5）管理者和员工计划如何对工作的进展情况进行沟通，并防止偏差的出现？

（6）为了完成工作任务，员工是否有必要接受某一方面的培训或通过自我开发的手段掌握某种工作技能？

四、绩效计划的准备

（一）准备信息

1. 关于企业的信息

为了使绩效计划能够与企业的目标结合在一起，在制订绩效计划前，管理者与被管理者都需要重新回顾企业的目标，保证在进行沟通之前双方都熟悉了企业的目标。

2. 关于部门和团队的信息

每个部门和团队的目标都是根据企业的整体目标分解下来的。企业的经营型指标可以分解到生产、销售等部门，同时对于业务支持性部门，其工作目标也必须与企业的经营目标紧密相连。

例如，某企业的总体经营目标如下。

（1）将市场占有率提高到本地区 50% 以上。

（2）提高消费者的品牌忠诚度。

（3）不断提高产品性能。

（4）把产品合格率提高到 99% 以上。

（5）降低产品成本。

3. 关于员工个人的信息

员工个人的信息主要包括如下两个方面。

（1）所在岗位工作描述的信息。

（2）员工上一个绩效期间的绩效评估结果。

（二）沟通方式和环境的准备

1. 确定绩效计划沟通的方式

在进行绩效计划沟通时，管理者采用什么样的方式保证双方对绩效计划的内容达成共识，需要考虑不同的环境因素，如企业文化、员工特点以及所要达到工作目标的特点。如果管理者希望借助绩效计划的机会向全体员工做一次培训，使全体员工了解企业的发展前景和战略目标，以激发员工的士气，那么就可以召开员工大会。如果一项工作目标需要一个部门或团队的员工密切合作才能够完成，那么就可以召集部门或团队的员工一块讨论，明确每个人在实现目标过程中的分工，有助于不同成员间的协调配合，通过讨论还可以提前发现工作中可能存在的问题。如果主要是员工个体性的工作目标，则可以采取单独沟通的方式。

2. 沟通环境的准备

绩效计划沟通前，管理者和被管理者应该确定一个双方都空闲的时间用于绩效沟通，在沟通的时候应尽可能避免干扰。沟通的气氛要尽可能宽松，不要使被管理者感受到太大的心理压力。

五、绩效计划的沟通

绩效计划沟通的过程，如图 4–1 所示。

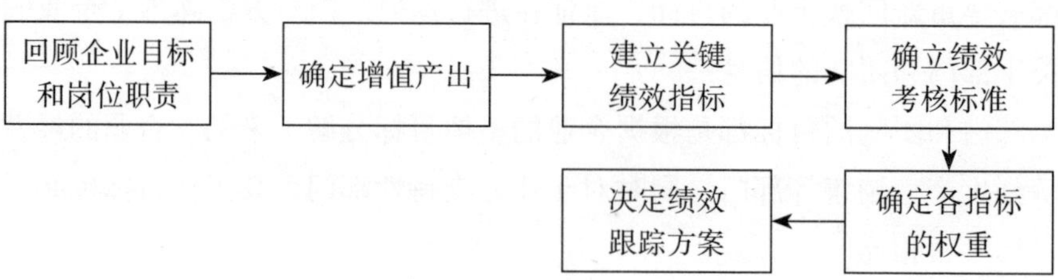

图 4-1　绩效计划沟通的过程

（一）回顾企业目标和岗位职责

（1）本考核期内，企业的工作目标是什么？

（2）员工在本绩效期内要完成的工作目标是什么？

（3）员工应该在什么时候完成这些工作目标？

（4）员工在本绩效期内的工作职责是什么？

（二）确定增值产出

（1）考核对象有哪些日常性工作任务？

（2）考核对象有哪些专项工作任务？

（3）这些任务应该达到什么样的结果？

（4）员工在工作过程中应表现出什么样的典型工作行为？

（三）建立关键绩效指标

针对具体的工作任务，从数量、质量、费用、时间四个方面来界定并量化绩效指标。

（四）确立绩效考核标准

（1）定量化标准——绩效指标应当尽可能地建立定量化的标准。

（2）行为描述性标准——对于难以建立定量化指标的工作，采用行为锚定法建立可观察、可度量的行为系列，以此作为绩效评估的标准。

制定绩效考核标准的方式有以下四种，如图 4–2 所示。

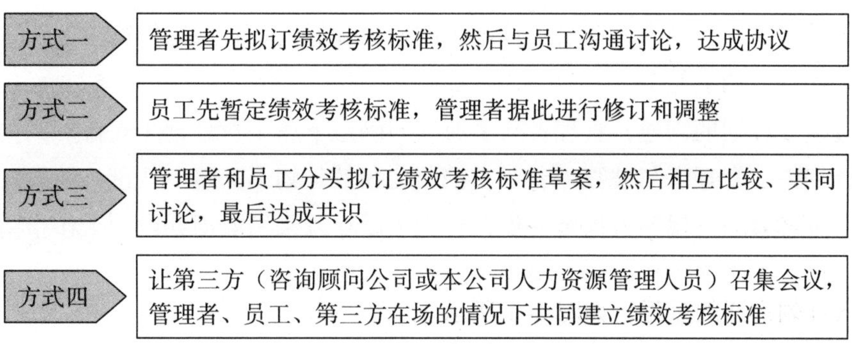

图 4-2　制定绩效考核标准的四大方式

（五）确定各指标的权重

（1）以百分数的方式划分任务权重。

（2）以 5% 或 10% 作为权重的刻度。

（六）决定绩效跟踪方案

（1）需要收集哪些信息？

（2）需要收集的信息有多少？

（3）什么时候收集信息？

（4）谁去收集信息？

（5）谁会收到这些信息？

六、绩效计划的确认

在经过了周密的准备，并且与员工进行了沟通之后，绩效计划就初步形成了。但我们仍然需要审定一下绩效计划的制订工作是否成功地完成了。当绩效计划制订完成时，管理人员和员工应在沟通之后确认一下双方是否能达成以下共识。

（1）员工的工作目标与企业的总体目标紧密联系，并且员工清楚地知道自己的工作目标与组织的整体目标之间的关系。

（2）员工的工作职责和描述已经按照现有的组织环境进行了修改，可以反映本绩效期内主要的工作内容。

（3）管理人员和员工对员工的主要工作任务、各项工作任务的重要程度、完成任务的标准、员工在完成任务过程中享有的权限都已经达成了共识。

（4)管理人员和员工都十分清楚在完成工作目标的过程中可能遇到的困难和障碍，并且明确管理人员所能提供的支持和帮助。

（5）形成了一个经过双方协商讨论的文档，该文档中包括员工的工作目标、实现工作目标的主要工作结果、衡量工作结果的指标和标准、各项工作所占的权重，并且双方都要在该文档上签字。

通过绩效计划的沟通，管理者与下属共同确定下属工作计划（安排）的要点，填写绩效计划书，管理者与被管理者双方都要在绩效计划书上签字认可，绩效计划书一式两份，管理者与下属各自保留一份，作为下属在未来绩效周期内的工作指南，也是管理者对员工的工作进行监督、检查与评定的重要依据。

第二节 绩效计划结果——业绩合同

业绩合同是中层以上管理人员与上级就应实现的工作或业绩订立的正式书面协议，它定义了公司各管理层的主要考核方面、关键业绩指标及工作目标，确定了各主要考察内容的权重，并且参照历史业绩及未来策略重点设定业绩所需达到的标准，参与决定合同受约人的薪酬与非物质奖惩。业绩合同的制定是通过业务上下级之间和同级各部门之间的共同沟通反馈完成的。

一、签订业绩合同的目的

业绩合同管理的目的是通过业绩合同建立科学的管理机制，并使企业管理人员的利益与股东利益相一致。具体而言，业绩合同的签订要达到以下目的。

（1）保证企业总体战略的具体实施。

（2）使高层管理者把精力集中在对企业价值起到最关键作用的经营决策上。

（3）使被考核者把精力放在对企业价值起到最关键作用的经营决策上。

（4）在企业里创造业绩至上的企业文化。

（5）以合同的方式体现达成的业绩承诺的严肃性。高层管理层与业务单元及职能单元之间通过业绩合同界定彼此的业绩承诺，如图 4–3 所示。

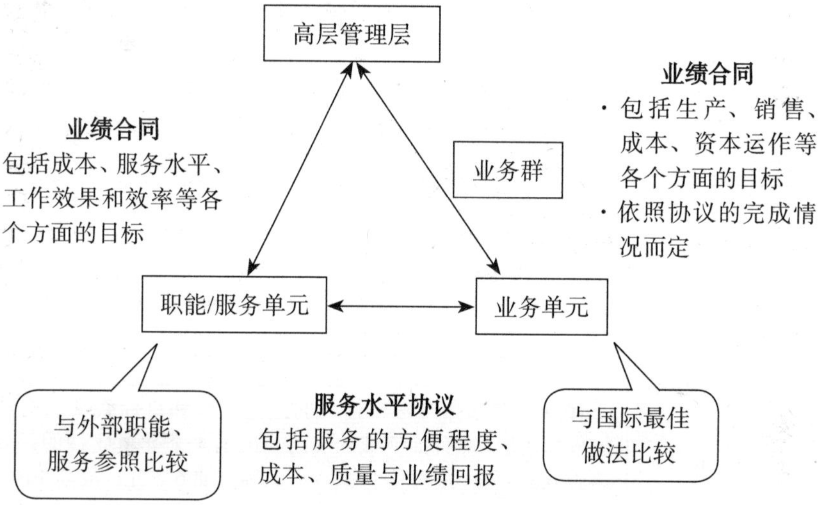

图 4-3　高层管理层与业务单元及职能单元之间的业绩承诺

业绩合同同时可以激励集体业绩和明确个人责任，具体内容见图 4–4。

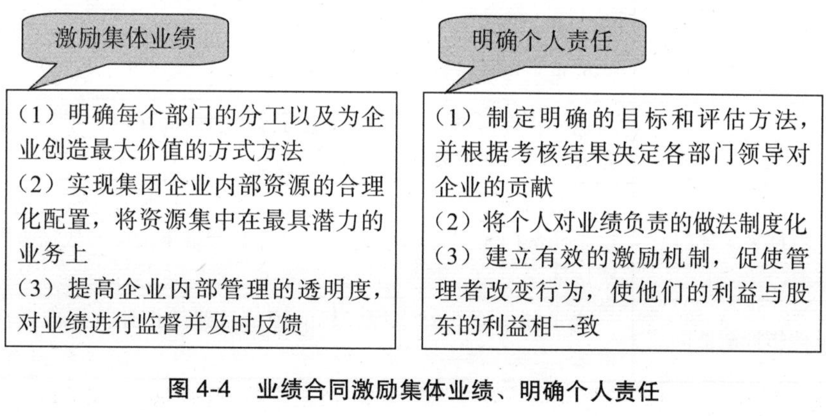

图 4-4　业绩合同激励集体业绩、明确个人责任

二、业绩合同的内容

不同企业所使用的业绩合同的格式不一样，但其内容一般都差不多，其栏目可能包括但不限于表 4-1 所示内容。

表 4-1　业绩合同的内容构成

序号	栏目	内容说明
1	基本信息	基本信息包括考核人姓名、被考核人姓名、考核人职位、被考核人职位、绩效周期等。这些信息都是前期组织梳理的结果，通过组织梳理，明确岗位设置和管理汇报关系，以此为基础确定考核关系
2	指标分类	指标分类报告分为定量指标和定性指标，定量指标是指可以量化的指标，定性指标是指量化难、需要进行定性评价的指标。这两类指标的权重加在一起为 100%，根据不同岗位，定量指标和定性指标的权重不一样，业务部门的定量指标权重会高一些，高管的定量指标权重会高一些，职能部门的定性指标权重会高一些，中基层的定性指标权重会高一些
3	指标名称	指标名称就是每个指标的名字，比如销售收入、客户满意度、销售计划准确率、利润率等，都是指标名称。指标名称一栏不要填写大段文字
4	指标定义 / 公式	仅有指标名称，还不能清楚地进行衡量和解释，因此需要进一步解释。例如：销售计划完成率 = 当期实际销售额 / 计划销售额 × 100%。这样解释一下，双方就比较容易理解了，也避免了以后考核的时候双方对于如何衡量发生不必要的争执
5	单位	单位是指考核指标的衡量单位，比如万元、%、个、家等
6	评分标准	评分标准是指当考核指标的最终结果和目标值发生差异的时候，加分如何加，减分如何减的规则，如，原材料消耗定额的评分标准是：达到 0.3% 得 100 分；每减少 0.01%，加 6.7 分，最高 120 分；每增加 0.01%，扣 13.3 分，0.33% 以上为 60 分
7	目标值	目标值一栏包括三个值，分别是标准值、下限值和上限值。标准值就是达到 100 分的值；下限值是指企业不能容忍的值，可以设下限 60 分，也可以直接得 0 分；上限值是指达到该值时，考核得分封顶，通常设为 120 分
8	权重	权重是每项考核指标的权重
9	实际完成	这一栏在考核的时候用，填写每个绩效周期内各项考核指标实际完成的数据和信息
10	数据来源部门	一般情况下，考核数据由第三方提供，比如销售部的销售收入数据来源部门是财务部，生产部的质量合格率指标的数据来源部门是质检部
11	定性指标衡量标准	为了便于企业对定性指标的评价，建议把评价标准做成尺度评价法

三、业绩合同的签署

（一）业绩合同的签署范围

并不是所有的员工都要签署业绩合同。在确定签署范围时要考虑以下因素。

1. 对企业业务发展的把握

按照既定战略与员工签署有针对性的业绩合同，可以确保公司的发展方向。

2. 对人员的评估激励效果

只有适合的业绩合同才能有效地考核、识别、发展人才。

3. 损益责任

业绩合同签约对象将主要是对损益结果有重大影响的管理人员。其下属人员可由受约人按自身的业绩合同分解成不同职责分工人员的关键业绩指标，以督促、考核下属人员，不必都签订业绩合同，如图 4–5 所示。

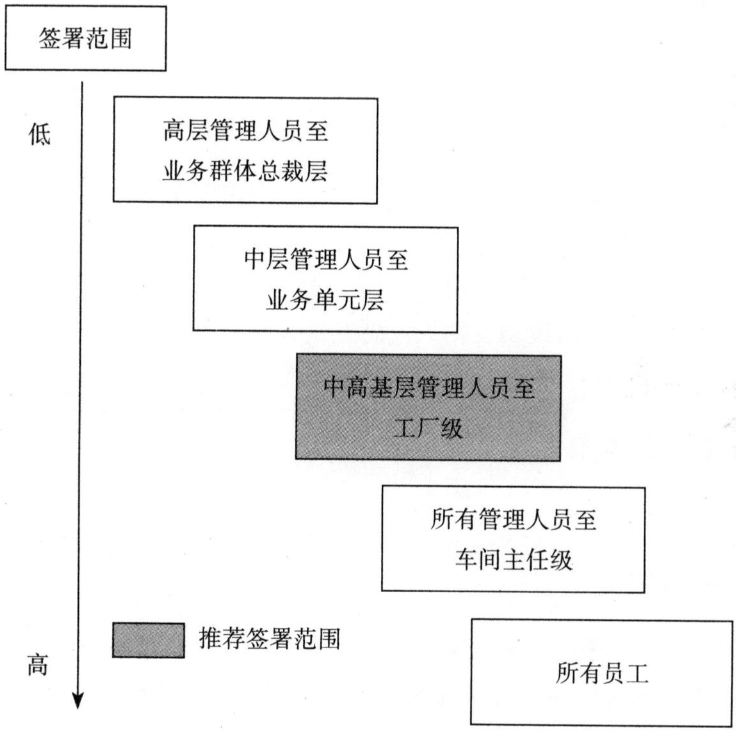

图 4-5　业绩合同的签约对象

（二）业绩合同的签订步骤

业绩合同的签订是按层级进行的，如图 4–6 所示。

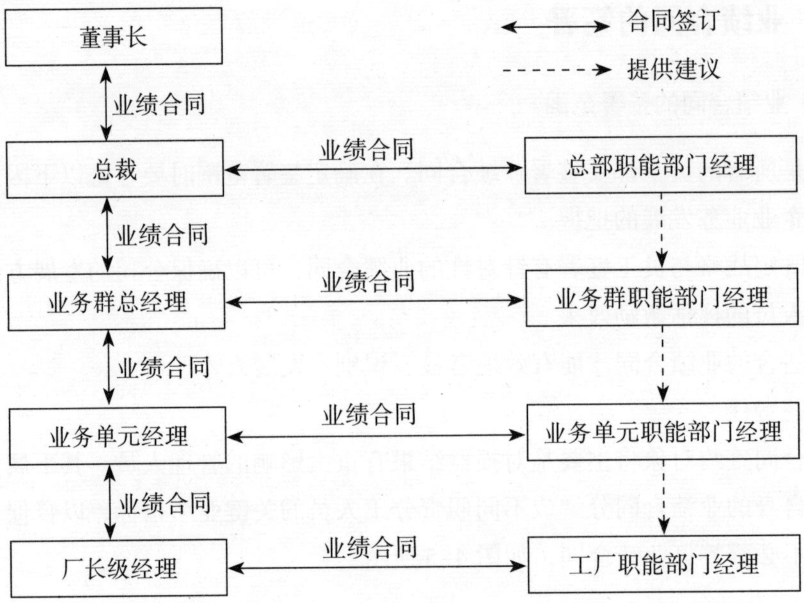

图 4-6　业绩合同的签订步骤

（三）发约人的选择

发约人应选择受约人的直接领导和有密切业务关系的上级领导。发约人选择的原则如下。

（1）主发约人应是受约人的直接领导。

（2）对职能部门，可增设副发约人。副发约人通常是有密切业务联系的其他职能部门中高一级的领导或非直接领导的从属业务单位经理。

（四）业绩合同的期限

业绩合同的有效期一般为一年。

（五）业绩合同的效力

业绩合同一旦被签署就具有约束效力，在有效期内不得擅自更改。如遇到对企业影响重大的、人力不可控制的极特殊情况（如自然灾害或外部环境的巨大改变），董事会有权酌情予以调整。

四、有业绩合同人员的业绩管理流程

对于签有业绩合同人员的业绩必须加以管理，否则，无益于业绩的提升，管理的基本流程如图 4–7 所示。

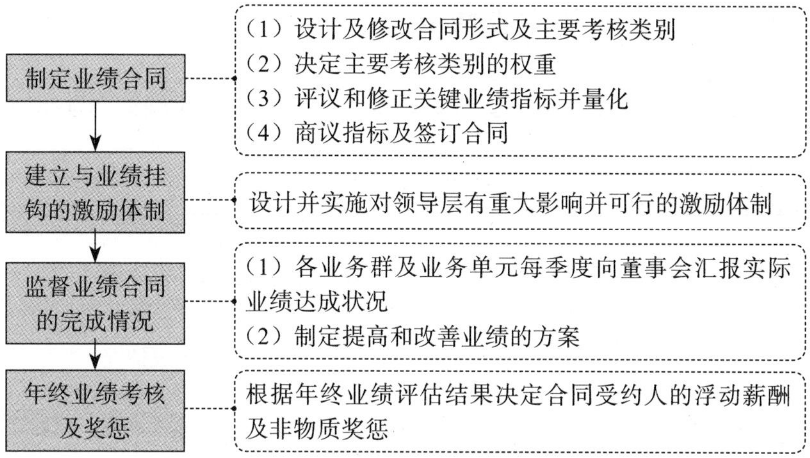

图 4-7　有业绩合同人员的业绩管理流程

注：①制订 3 ～ 5 年战略计划。

②每年对规划进行滚动式修改。

实例

下图为某企业对有业绩合同人员的管理流程的全年实施日程。

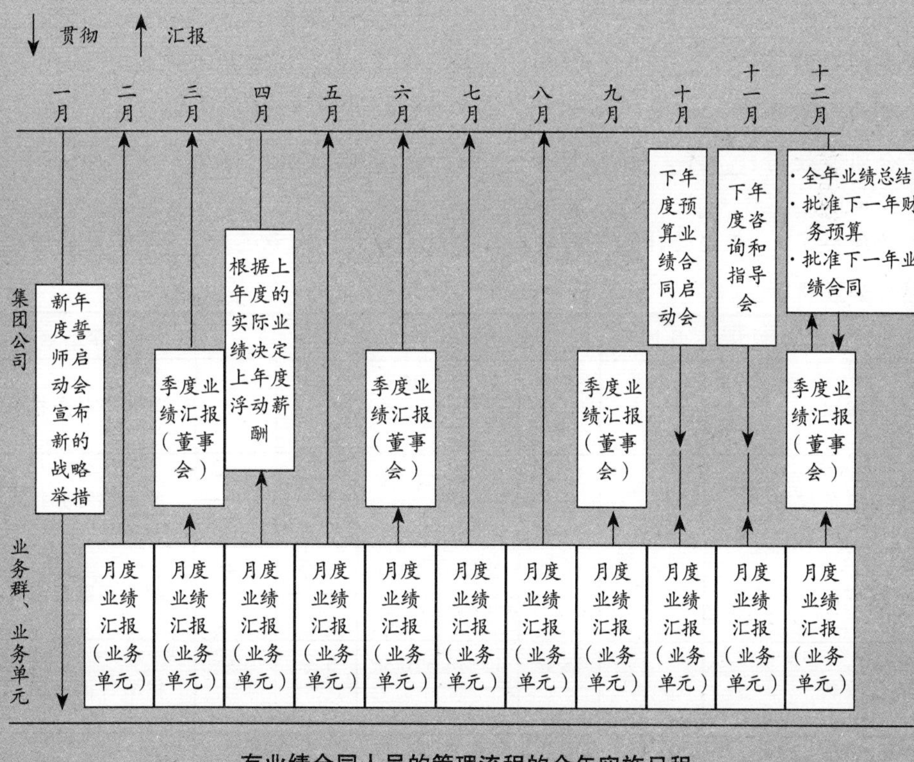

有业绩合同人员的管理流程的全年实施日程

五、跟踪业绩合同的完成情况

对于业绩合同的完成情况也需要进行跟踪，具体的工作步骤如图 4-8 所示。

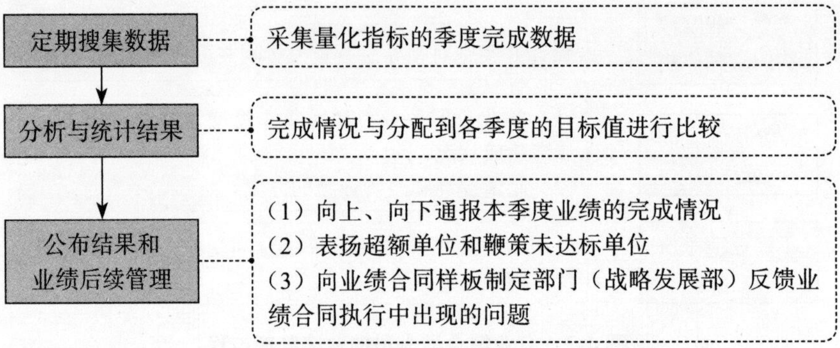

图 4-8　跟踪业绩合同完成情况的步骤

范本

营销副总裁绩效合约

合同编号：____________________

受约人姓名：　　　　　　　　　　　　发约人姓名：

受约人职位：　　　　　　　　　　　　发约人职位：

合同有效期：___年__月__日至___年__月__日

为使公司___年经营计划落到实处，经双方商定，同意签订___年绩效合约。业绩指标如表所示。

关键绩效指标	目标值	考核标准					考核信息来源
1. 销售回款		30 分	25 分	20 分	10 分	0 分	财务部财务报表
2. 营业费用控制		30 分	25 分	20 分	10 分	0 分	财务部财务报表
3. 所辖部门费用控制		15 分	13 分	10 分	5 分	0 分	财务部财务报表
4. 库存控制		15 分	13 分	10 分	5 分	0 分	计划物流部报表

续表

关键绩效指标	目标值	考核标准					考核信息来源
5. 销售市场经济事件发生数		10 分	8 分	5 分	3 分	0 分	集团审计监察中心监察报告

发约人将依据本绩效合约对受约人___年度经营业绩进行考核，销售回款、费用、库存以____年度公司财务决算为准。如果销售回款或利润实现低于目标值的 80%，则取消受约人绩效年薪的发放。发约人根据合同完成情况，按公司的薪酬管理办法给予奖罚。

受约人签名：______________　　　　发约人签名：______________

签署时间：______年____月____日

范本

市场总监绩效合约

合同编号：__________________

受约人姓名：　　　　　　　　　　　　　　发约人姓名：

受约人职位：　　　　　　　　　　　　　　发约人职位：

合同有效期：___年___月___日至___年___月___日

为使公司___年经营计划落到实处，经双方商定，同意签订___年绩效合约。业绩指标如表所示。

关键绩效指标	目标值	考核标准					考核信息来源
1. 品牌销售额目标完成情况		30 分	25 分	20 分	10 分	0 分	财务部
2. 市场促销方案认可度		20 分	15 分	10 分	5 分	0 分	营销副总裁、其他业务总监和省办经理
		90% 以上	80% ～ 90%	70% ～ 80%	60% ～ 70%	60% 以下	

续表

关键绩效指标	目标值	考核标准					考核信息来源
3. 新产品销售比例		20分	15分	10分	5分	0分	财务部
		20%以上	15%～20%	10%～15%	5%～10%	5%以下	
4. 部门协作满意度		10分	8分	6分	4分	0分	营销副总裁和其他业务部门总监
		90%以上	80%～90%	70%～80%	60%～70%	60%以下	
5. 客户满意度		10分	8分	6分	4分	0分	客户服务记录表
6. 部门费用控制率		10分	8分	6分	4分	0分	财务部
		80%以内	80%～100%	100%～110%	110%～120%	120%以上	

发约人将依据本绩效合约对受约人______年度经营业绩进行考核。发约人根据合同完成情况，按公司的薪酬管理办法给予奖罚。

受约人签名：______________　　　发约人签名：______________

签署时间：___年___月___日

范本

广告公关部总监绩效合约

合同编号：____________________

受约人姓名：　　　　　　　　　　发约人姓名：

受约人职位：　　　　　　　　　　发约人职位：

合同有效期：___年___月___日至___年___月___日

为使公司___年经营计划落到实处，经双方商定，同意签订___年绩效合约。业绩指标如表所示。

关键绩效指标	目标值	考核标准					考核信息来源
1. 销售额目标完成情况		10 分	8 分	6 分	4 分	0 分	财务部
2. 广告计划和方案的认可度		30 分	25 分	20 分	15 分	0 分	营销副总裁、其他业务总监打分
		90% 以上	80% ～ 90%	70% ～ 80%	60% ～ 70%	60% 以下	
3. 广告费用控制率		20 分	15 分	10 分	5 分	0 分	广告合同成本同比增长幅度
4. 公关活动策划案的认可度和实施效果		20 分	15 分	10 分	5 分	0 分	营销副总裁、其他业务总监和相关省办经理打分
5. 危机公关策划质量和组织效果		10 分	8 分	6 分	4 分	0 分	
6. 部门费用控制率		10 分	8 分	6 分	4 分	0 分	财务部
		80% 以内	80% ～ 100%	100% ～ 110%	110% ～ 120%	120% 以上	

发约人将依据本绩效合约对受约人______年度经营业绩进行考核。发约人根据合同完成情况，按公司的薪酬管理办法给予奖罚。

受约人签名：______________　　发约人签名：______________

签署时间：___年___月___日

范本

区域经理绩效合约

合同编号：____________________

受约人姓名：　　发约人姓名：

受约人职位：　　发约人职位：

合同有效期：___年___月___日至___年___月___日

为使公司___年经营计划落到实处，经双方商定，同意签订___年绩效合约。业绩指标如表所示。

关键绩效指标	目标值	考核标准					考核信息来源
1. 销售回款完成		30 分	20 分	15 分	10 分	0 分	财务部财务报表
2. KA（Key Account，重点客户）渠道销售回款完成		5 分	4 分	3 分	2 分	0 分	财务部财务报表
3. 本销售部各省办费用控制		15 分	13 分	10 分	5 分	0 分	财务部财务报表
4. 销售部费用控制		5 分	4 分	3 分	2 分	0 分	财务部财务报表
5. 经销商覆盖率		10 分	8 分	5 分	1 分	0 分	经公司盖章的经销商合同覆盖率
6. 终端铺货率		5 分	4 分	3 分	2 分	0 分	市场部抽查，专业公司市场调查报告
7. 销售计划准确率		10 分	8 分	5 分	1 分	0 分	计划物流部分析
8. 市场价格维护度		10 分	8 分	5 分	1 分	0 分	集团审计监察部检查市场
9. 部门协作满意度		10 分	8 分	5 分	1 分	0 分	其他部门总监打分

发约人将依据本绩效合约对受约人___年度经营业绩进行考核，销售回款、KA渠道销售回款、本销售部各省办事处费用和销售部部门费用以____年度公司财务决算为准。发约人根据合同完成情况，按公司的薪酬管理办法给予奖罚。

受约人签名：______________　　　　发约人签名：______________

签署时间：___年___月___日

范本

重点客户部总监绩效合约

合同编号：____________________

受约人姓名：　　　　　　　　　　　　　　发约人姓名：

受约人职位：　　　　　　　　　　　　　　发约人职位：

合同有效期：___年___月___日至___年___月___日

为使公司______年经营计划落到实处，经双方商定，同意签订______年绩效合约。业绩指标如表所示。

关键绩效指标	目标值	考核标准					考核信息来源
1.KA 销售额目标完成情况		30 分	25 分	20 分	10 分	0 分	财务部
2. 客户费用控制率（KA 市场费、KA 合同费、条码费）		20 分	15 分	10 分	5 分	0 分	财务部
3.KA 网络建设目标		15 分	13 分	10 分	5 分	0 分	营销副总裁
4. 货款逾期率		15 分	13 分	10 分	5 分	0 分	客户
		3% 以下	3% ～ 5%	5% ～ 10%	10% ～ 20%	20% 以上	
5. 部门协作满意度		10 分	8 分	6 分	4 分	0 分	营销副总裁和其他业务部门总监打分
		90% 以上	80% ～ 90%	70% ～ 80%	60% ～ 70%	60% 以下	
6. 部门费用控制率		10 分	8 分	6 分	4 分	0 分	财务部
		80% 以下	80% ～ 100%	100% ～ 110%	110% ～ 120%	120% 以上	

发约人将依据本绩效合约对受约人______年度经营业绩进行考核。发约人根据合同完成情况，按公司的薪酬管理办法给予奖罚。

受约人签名：______________　　　　发约人签名：______________

签署时间：___年___月___日

范本

计划物流部总监绩效合约

合同编号：________________

受约人姓名：　　　　　　　　　　发约人姓名：

受约人职位：　　　　　　　　　　发约人职位：

合同有效期：___年___月___日至___年___月___日

为使公司___年经营计划落到实处，经双方商定，同意签订___年绩效合约。业绩指标如表所示。

关键绩效指标	目标值	考核标准					考核信息来源
1. 销售回款完成		20 分	15 分	10 分	5 分	0 分	财务部财务报表
2. 存货周转率		10 分	8 分	5 分	1 分	0 分	财务部财务分析报告
3. 断货次数		15 分	13 分	10 分	5 分	0 分	销售部反馈
4. 部门费用控制		5 分	4 分	3 分	2 分	0 分	财务部财务报表
5. 单位产品运输成本控制		10 分	8 分	5 分	1 分	0 分	财务部财务分析报告
6. 仓储费用控制		10 分	8 分	5 分	1 分	0 分	财务部财务报表
7. 物流制度执行		10 分	8 分	5 分	1 分	0 分	集团审计监察中心及营销副总裁检查
8. 客户服务		10 分	8 分	5 分	1 分	0 分	销售部反映客户对物流服务的投诉
9. 部门协作满意度		10 分	8 分	5 分	1 分	0 分	其他部门总监打分

发约人将依据本绩效合约对受约人____年度经营业绩进行考核，____年存货控制以安全库存为准，部门费用、仓储费用和单位产品运输成本以____年度公司财务决

算为准。发约人根据合同完成情况，按公司的薪酬管理办法给予奖罚。若断货次数在考核期间内高于____次（含____次），则取消受约人的绩效年薪。

受约人签名：______________　　发约人签名：______________

签署时间：___年___月___日

范本

人力资源部总监绩效合约

合同编号：____________________

受约人姓名：　　发约人姓名：

受约人职位：　　发约人职位：

合同有效期：___年___月___日至___年___月___日

为使公司____年经营计划落到实处，经双方商定，同意签订____年年绩效合约。业绩指标如表所示。

关键绩效指标	目标值	考核标准					考核信息来源
1. 工资总额控制		25 分	20 分	15 分	10 分	0 分	财务部
2. 部门费用控制		15 分	13 分	10 分	5 分	0 分	财务部
3. 培训费用控制		15 分	13 分	10 分	5 分	0 分	财务部
4. 部门协作满意度		20 分	15 分	10 分	5 分	0 分	其他部门总监打分
5. 培训满意度		15 分	13 分	10 分	5 分	0 分	培训效果评估表
6. 人才流失率		10 分	8 分	5 分	1 分	0 分	人力资源部统计

发约人将依据本绩效合约对受约人____年度经营业绩进行考核，工资总额、部门费用和培训费用以____年度公司财务决算为准。发约人根据合同完成情况，按公

司的薪酬管理办法给予奖罚。

受约人签名：______________　　发约人签名：______________

签署时间：___年___月___日

范本

生产管理部总监绩效合约

合同编号：____________________

受约人姓名：　　发约人姓名：

受约人职位：　　发约人职位：

合同有效期：___年___月___日至___年___月___日

为使公司___年经营计划落到实处，经双方商定，同意签订___年绩效合约。业绩指标如表所示。

关键绩效指标	目标值	考核标准					考核信息来源
1. 目标利润		30分	25分	20分	10分	0分	财务部
2. 产量计划完成率		15分	13分	10分	5分	0分	计划物流部
3. 供货及时率		15分	13分	10分	5分	0分	计划物流部
4. 废品率		15分	13分	10分	5分	0分	市场部、生产管理部
5. 原料库存资金占用		15分	13分	10分	5分	0分	财务部
6. 部门协作满意度		10分	8分	5分	1分	0分	其他部门总监打分

发约人将依据本绩效合约对受约人____年度经营业绩进行考核，目标利润和原料库存资金占用以____年度公司财务决算为准。发约人根据合同完成情况，按部门总监的薪酬管理办法给予奖罚。

受约人签名：________　　　　发约人签名：________

签署时间：___年___月___日

范本

生产厂厂长绩效合约

合同编号：________

受约人姓名：　　　　　　　　　　　　发约人姓名：

受约人职位：　　　　　　　　　　　　发约人职位：

合同有效期：___年___月___日至___年___月___日

为使公司___年经营计划落到实处，经双方商定，同意签订___年绩效合约。业绩指标如表所示。

关键绩效指标	目标值	考核标准					考核信息来源
1. 目标利润		25 分	20 分	15 分	10 分	0 分	财务部
2. 产量计划完成率		15 分	13 分	10 分	5 分	0 分	计划物流部
3. 供货及时率		20 分	15 分	10 分	5 分	0 分	计划物流部
4. 废品率		15 分	13 分	10 分	5 分	0 分	市场部、生产部
5. 生产安全事故控制		15 分	13 分	10 分	5 分	0 分	生产部

发约人将依据本绩效合约对受约人____年度经营业绩进行考核，目标利润以____年度公司财务决算为准。发约人根据合同完成情况，对生产厂厂长进行奖罚。

受约人签名：________　　　　发约人签名：________

___年___月___日

范本

财务部总监绩效合约

合同编号：________________

受约人姓名：　　　　　　　　　　　　　　　发约人姓名：

受约人职位：　　　　　　　　　　　　　　　发约人职位：

合同有效期：___年___月___日至___年___月___日

为使公司___年经营计划落到实处，经双方商定，同意签订___年绩效合约。业绩指标如表所示。

关键绩效指标	目标值	考核标准					考核信息来源
1. 公司上市策划推进的进度和质量		30分	25分	20分	15分	10分	董事长、总裁打分
2. 资金供应及时性		10分	8分	6分	4分	0分	董事长、总裁打分
3. 财务费用		10分	8分	6分	4分	0分	财务部
4. 公司总体预算费用控制率		20分	25分	20分	15分	10分	财务部
5. 部门协作满意度		20分	13分	10分	5分	0分	总裁、副总裁和其他业务部门总监打分
		90%以上	80%～90%	70%～80%	60%～70%	60%以下	
6. 部门费用控制率		10分	8分	6分	4分	0分	财务部

发约人将依据本绩效合约对受约人____年度经营业绩进行考核。发约人根据合同完成情况，按公司的薪酬管理办法给予奖罚。

受约人签名：______________　　　　发约人签名：______________

签署时间：___年___月___日

第三节 绩效计划结果——PBC个人绩效承诺计划

一、什么是PBC

PBC（Personal Business Commitments），即个人业务承诺，是保障企业战略逐级分解，最终达成目标的过程管理系统。

PBC 个人业务承诺是建立于 KPI 考核基础上的一种全新的考核思想，在 IBM 运行得非常成功。IBM 所有员工都要围绕“力争取胜、快速执行、团队精神”的价值观设定各自的个人业务承诺，并列举出实现承诺的具体行动。

二、为什么要进行PBC管理

企业战略方向明确后，企业必须通过战略规划，明确中长期战略目标，通过 PBC 指标在过程中纠正偏差、控制风险、协调资源、实时激励，如图 4-9 所示。

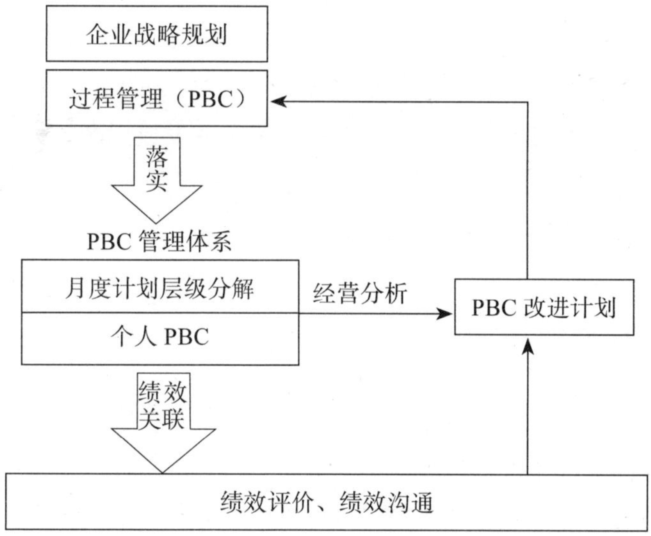

图 4-9　PBC 指标运行过程示意图

通过 PBC 管理可以实现绩效管理的 PDCA 循环，如图 4-10 所示。

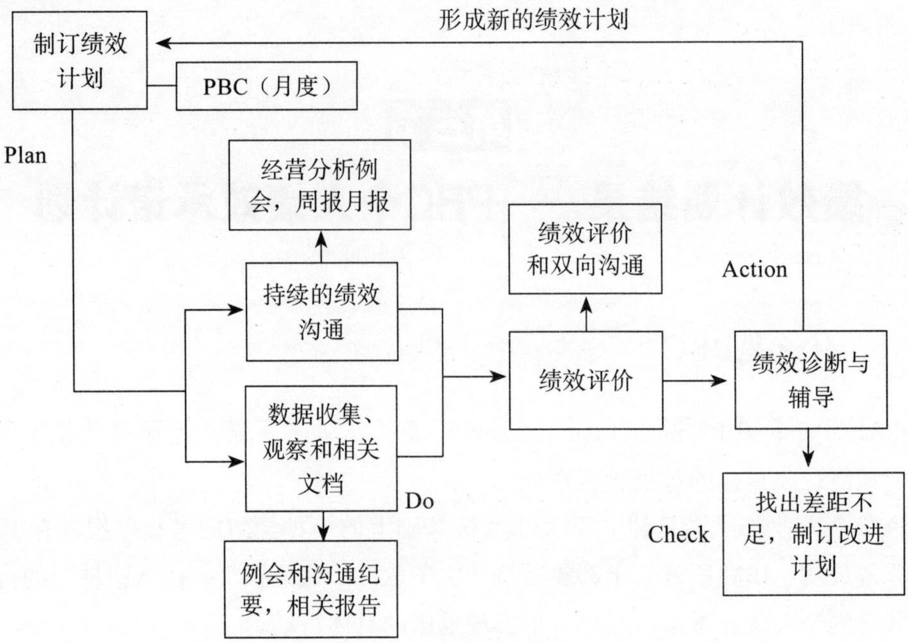

图 4-10　通过 PBC 实现绩效管理的 PDCA 循环

具体而言，PBC 管理的主要作用如下。

（1）通过分解企业年度战略，将企业一级计划落实到月度部门二级计划，分解到个人的月度 PBC，通过周报的执行监控及计划的修订实现企业年度计划、季度计划、月度计划的闭环管理。

（2）通过例行计划管理的 PDCA 循环和月度 PBC 的绩效沟通，实现员工对企业文化的认可，让整个企业处于高效运转状态。

（3）通过 PBC 的管理和监控明确月度绩效奖金的发放标准，实现及时激励。

（4）实现员工自我管理，各级管理者成为下属的绩效合作伙伴。

（5）考核的结果直接与员工的调薪、晋升和培训挂钩。

三、PBC计划的运作规则

每个员工都要在年初制订自己的 PBC，并列举出下一年度为了实现这方面的目标所需要采取的行动，相当于立下了一个一年期的“军令状”。

制订 PBC 时，需要员工与其直属主管进行共同商讨，这样可以使员工的个人计划与整个部门计划相融合，以保证其切实可行。

PBC 的考察主要从业绩完成情况、执行力度和团队精神这三个方面进行，每个季度主管会协助员工对 PBC 的完成情况进行考察，到了年末直属主管会给下属的 PBC 打分，下属也会对直属主管的 PBC 打分。

员工要想在 PBC 上取得高分，就必须确实了解自己部门的运作目标，掌握工作重点，发挥最佳团队精神，并彻底执行。

每一名员工工资的涨幅，都以 PBC 的实现情况为关键的参考指标。

范本

PBC 部门年度绩效承诺书

<table>
<tr><td>承诺部门</td><td colspan="2"></td><td>承诺时间</td><td colspan="2"></td><td>密级</td><td>秘密</td></tr>
<tr><td>总体目标</td><td colspan="7"></td></tr>
<tr><td>总体目标</td><td colspan="7">填写说明：
1. 组织在考核周期内的关键目标和核心思路；
2. 总体目标要体现本考核周期的阶段特点；
3. 目标描述要体现组织考核周期内的工作思路。</td></tr>
<tr><td rowspan="8">KPI
（70%）</td><td>指标名称</td><td>保守目标</td><td>基本目标</td><td>挑战目标</td><td>权重</td><td>完成情况</td><td>得分</td></tr>
<tr><td>KPI1</td><td></td><td></td><td></td><td></td><td></td><td></td></tr>
<tr><td>KPI2</td><td></td><td></td><td></td><td></td><td></td><td></td></tr>
<tr><td>KPI3</td><td></td><td></td><td></td><td></td><td></td><td></td></tr>
<tr><td>KPI4</td><td></td><td></td><td></td><td></td><td></td><td></td></tr>
<tr><td>KPI5</td><td></td><td></td><td></td><td></td><td></td><td></td></tr>
<tr><td>小计</td><td>—</td><td>—</td><td>—</td><td>70%</td><td>—</td><td></td></tr>
<tr><td colspan="7">填写说明：
1. 填写 3~5 项部门应承担的主要 KPI；
2. 考核以基本目标为依据，保守目标和挑战目标用于参考；
3. 以上各相指标权重之和应等于 70%。</td></tr>
<tr><td rowspan="6">关键任务
（30%）</td><td colspan="3">任务描述</td><td>完成标准</td><td>权重</td><td>完成情况</td><td>得分</td></tr>
<tr><td colspan="3"></td><td></td><td></td><td></td><td></td></tr>
<tr><td colspan="3"></td><td></td><td></td><td></td><td></td></tr>
<tr><td colspan="3"></td><td></td><td></td><td></td><td></td></tr>
<tr><td colspan="3"></td><td></td><td></td><td></td><td></td></tr>
<tr><td colspan="4">小计</td><td>30%</td><td>—</td><td></td></tr>
</table>

续表

关键任务（30%）	填写说明： 1. 填写 5~8 项考核期内公司为达成年度目标必须完成的关键任务； 2. 关键任务应避免笼统，要遵守 SMART 原则：S 代表具体（Specific），M 代表可度量（Measurable），A 代表可实现（Attainable），R 代表现实性（Realistic），T 代表有时限（Time-based）； 3. 关键任务的达成时间应在考核周期内均匀分布； 4. 以上所有关键任务权重之和应等于 30%。
其他说明	1. 各单项 KPI 指标或单个关键任务总得分不超过 120 分； 2. 最后的总得分等于各单项得分乘以相应权重的总和； 3.KPI 和关键任务所占权重根据不同的部门可有所调整，具体由承诺部门和上级主管商定； 4.《部门年度绩效承诺书》不是为“秋后”算账，更主要的是通过考核指标的合理设置，牵引公司和部门战略目标的实现。

承诺人签字 / 日期：　　　　　　　　上级主管签字 / 日期：

范本

员工年度 PBC 个人绩效承诺书

姓名		岗位名称		岗位层级	
所属部门		直接上级		上级岗位名称	

1. 业务目标（Business Goal）

本人的业务目标必须与公司全球化和卓越运营战略以及本 BU/FU 的目标有效连接，同时保证与公司所倡导的核心价值观保持一致，要求指标总数不超过 10 个，5 ～ 7 个为宜；权重设定由员工和直线经理协商决定，每一部分权重总值为 100%。关键任务设定总数不超过 5 个，关键任务各项权重之和为 100%

编号	业务目标	考核目标值	权重	备注
1			____%	
2			____%	
3			____%	
4			____%	
5			____%	

续表

编号	关键任务	考核目标	衡量标准	权重	备注
1				____%	承接
2				____%	协同
3				____%	协同
4				____%	本人
5				____%	承接
2. 员工管理目标（People Management Goal）					
设定2～3个支持组织绩效提高的目标，应包括员工管理、下属发展和团队建设等内容；权重设定由员工和直线经理协商决定，每一部分权重总值为100%					
编号	员工管理目标	考核目标值	衡量标准	权重	备注
1				____%	
2				____%	
3				____%	
4				____%	
3. 个人发展目标（Individual Development Goal）					
设定1～2个支持业务目标的需要提高的个人能力发展目标，个人发展目标应该支持“个人发展计划”和其他有关学习培养计划、职业发展计划、岗位升迁等；权重设定由员工和直线经理协商决定，每一部分权重总值为100%					
编号	个人发展目标	考核目标值	衡量标准	权重	备注
1				____%	
2				____%	
3				____%	
4				____%	
任职人签名/日期		直接上级签名/日期			

第五章

绩效考核实施与评估管理

章前概述

绩效考核实施与评估是指考核主体对照工作目标和绩效标准，采用科学的考核方式，评定员工的工作任务完成情况、员工的工作职责履行程度和员工的发展情况，并且将评定结果反馈给员工的过程。绩效考核过程的实施可以说是绩效管理中的重中之重，对于整个绩效管理的有效性起着至关重要的作用。

思维导图

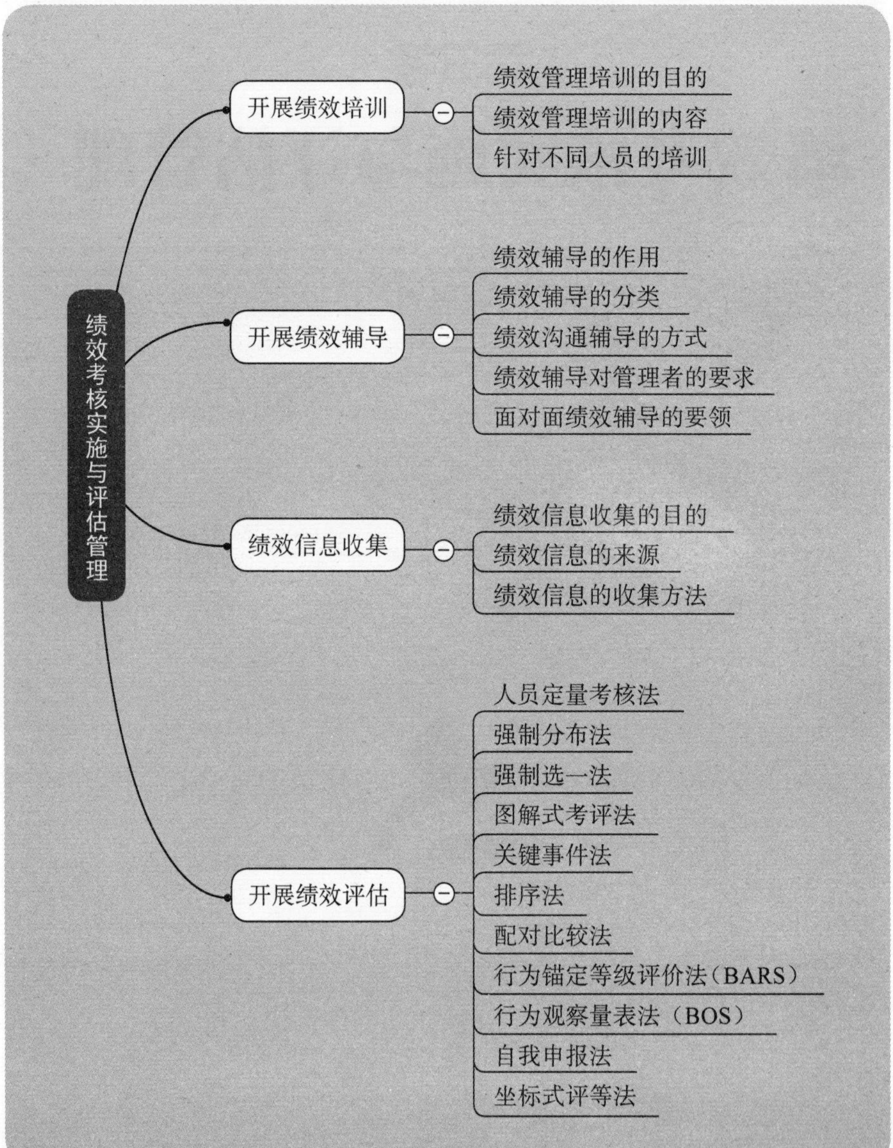

第一节
开展绩效培训

要保证绩效管理有效实施，绩效管理的培训不可缺少，因为如果员工对绩效管理存在认识上的偏差和误解，势必会影响绩效管理的有效实施。

一、绩效管理培训的目的

（一）消除误解和认识上的偏差

员工对任何形式的评估都会很敏感，都会希望绩效评估工作公正和公平，害怕自己受到不公正的评估。有的员工因为平时对管理者缺乏信任感，内心容易产生抵触情绪；有的管理者认为绩效管理是扩充自己权力的机会，可以整一下某些人，也可以拉拢一下某些人；有的管理者担心给某些员工打不好的分数会影响自己同他们的关系……管理者和员工对绩效管理有这么多的误解和抵触情绪，一定会影响绩效管理工作的开展，所以必须通过绩效管理培训，让管理人员和员工对绩效管理有一个全面正确的理解，并主动积极地支持配合实施绩效管理。

（二）掌握绩效管理的操作技能

绩效管理中有许多操作技能，如：怎样操作绩效指标和标准，如何做好工作现场的表现记录，怎样评分，如何进行绩效沟通等，如果实施绩效管理的人不能掌握这些技能，他们就很难正确地运用绩效管理的手段，绩效管理的目的也就无法达到。

二、绩效管理培训的内容

绩效管理培训的内容如表 5-1 所示。

表 5-1　绩效管理培训的内容

序号	培训课程	课程目的	课程说明
1	绩效管理的介绍	概要性地讲解关于绩效管理整个过程的知识，同时举一些企业中的例子让员工了解绩效管理的目的和过程，消除由于不了解绩效管理而带来的紧张和焦虑	课前要发给员工一份绩效管理手册，内容包括： （1）什么是绩效管理； （2）绩效管理的方法和提供的信息有什么作用； （3）企业中用什么样的程序来保证绩效管理的客观性和准确性； （4）在绩效管理中使用什么工具
2	绩效评估的介绍	主要讨论和分享目前绩效评估中存在的影响准确性的因素，包括绩效评估方法的选择、工作描述的准确性和绩效标准设定中的问题等，以消除绩效评估中的偏差	通过实际操作性的活动使学员学会如何做好工作描述。这一课程最重要的内容是消除绩效评估中的偏差。可使用角色扮演、案例分析、录像带等方法使学员认识到光环效应、趋中误差、首因效应、对比效应等评估误差以及相应的避免方法，使评估者了解自己在绩效管理操作过程中的影响，以便更好地实施绩效管理，参加培训的人员一般为参加绩效管理的评估人员（主要是管理人员）
3	关键绩效指标的介绍	本课程主要是为了使员工了解： （1）关键绩效指标的定义、内容，学会设定关键绩效指标； （2）讨论设定关键绩效指标的重要性； （3）了解关键绩效指标的 SMART 原则； （4）学会建立客户关系示意图和定义工作产出； （5）学会设定关键绩效指标和标准	关键绩效指标的设定是进行绩效管理的基础，讲师将与学员讨论和分享目前绩效指标设定中的问题。 通过实际操作性的活动使学员学会如何运用客户关系示意图定义工作产出和关键绩效指标
4	绩效评估工具的介绍	本课程主要是为了使员工了解： （1）绩效评估中常用的评估工具，学会正确使用这些评估工具； （2）描述评估工具的设计； （3）解释如何将被评估者的行为对应到评估量表中； （4）了解不同评估者评估的差异	本课程通过讲解、练习等方法使评估者正确掌握评估工具的使用，并了解评估者对评估结果的影响
5	绩效反馈面谈的介绍	本课程主要是为了使员工了解： （1）如何有效地准备绩效反馈面谈； （2）列出绩效反馈面谈中所要做的活动； （3）计划绩效反馈面谈的时间	本课程通过讲解、练习等方法使评估者正确掌握如何准备绩效反馈面谈，预判在面谈中可能出现的问题，以及如何计划面谈各个环节的时间等

续表

序号	培训课程	课程目的	课程说明
6	实施绩效反馈面谈的介绍	本课程主要是为了使员工了解： （1）如何有效地实施绩效反馈面谈，提高面谈技巧； （2）对照有效的和无效的绩效反馈面谈技巧； （3）描述非语言行为在绩效反馈面谈中的作用； （4）掌握如何控制面谈的过程使之不偏离预期的轨道	本课程通过讲解、练习等方法使评估者正确掌握如何实施绩效反馈面谈，掌握面谈中的各种技巧，例如，如何建立双向沟通关系、如何利用非语言交流、如何控制谈话的方向等
7	绩效改进的介绍	本课程主要是为了使员工了解： （1）绩效中容易出现哪些问题和障碍，并学会怎样克服它们； （2）识别员工绩效相关的知识和技能、兴趣、动机、努力程度等问题； （3）掌握针对各种具体问题给予督导和帮助的方法	对于一名合格的主管和评估者来说，教导和咨询是基本必备的技能。讲师将帮助学员分析下属在绩效方面出现问题的可能原因，以及如何给下属提供一些教导和帮助

三、针对不同人员的培训

（一）对管理人员的培训

对管理人员的培训，可以提高他们的业务能力，以减少考评中人为的非正常误差。培训的内容一般包括两个方面。

（1）培养正确的态度：提高对绩效考评及其意义、人力资源开发与管理和考评关系的认识。

（2）提高专业知识和技术水平：包括考评中容易产生错误的原因及其防止对策、考评方法、文件资料和数据处理的方法、专用工具与设备的使用技术等。具体内容见表 5–2。

表 5-2　管理人员的培训内容明细表

序号	内容
1	目标设定和工作计划，其中包括业绩衡量制度的建立——培训不仅仅包括“技巧”方面的问题，还应包括激励问题及相关的人际关系技巧
2	管理工作环境——协助寻找克服制约因素的方法
3	理解能力 / 行为范围——在组织中使用的特定能力或行为范围
4	收集业绩信息和进行业绩衡量——目的 / 目标 / 结果和行为 / 能力
5	提供反馈和对反馈做出接收 / 应答

续表

序号	内容
6	检查 / 确认产生业绩的原因——区分系统因素和个人因素
7	指导
8	讨论员工的发展
9	进行非正式和正式的业绩检查
10	管理奖励

（二）对员工的培训

对员工的培训，一方面可以加强员工对绩效考评意义的认识，另一方面也可以提高员工有关绩效考评的综合技能，如参与目标设定、自我管理行为等。而且，这些培训有助于将企业的绩效管理制度内在化，并形成一种支持业绩的良好企业文化与氛围，把推进绩效考评与企业的组织发展内在地联系在一起。具体内容见表 5–3。

表 5-3　员工绩效管理培训表

序号	内容
1	设定参与目标——工作目标和开发目标
2	理解能力 / 行为——在组织中使用的特定能力 / 行为
3	自我检查 / 自我评价
4	自我管理行为
5	提供向上反馈
6	接受反馈

（三）对考评人员的培训

1. 考评人员培训的分类

考评人员的培训按不同的对象和要求可分为一般培训、分级培训、专题培训这三种类型。

（1）一般培训。一般培训就是考核知识的普及性教育，具备两个特点：一是培训对象范围广，包括各级领导、管理人员乃至普通员工；二是培训内容程度浅，要求深入浅出，通俗易懂。因此，可以说这是最初步的培训。

（2）分级培训。分级培训通常分为现场管理人员、中层管理人员、人事管理人员、高层管理人员和专业人员这五个层级，分级培训内容如表 5–4 所示。

表 5-4　分级培训内容

类别	培训人员	培训内容	应注意事项
现场管理人员	班组长 工段长	（1）如何准确掌握和运用简易的考核技法； （2）了解人员功能考核的一般原理，以及要素设计、标准编制、计量方法、实测方法、结果的解释运用和考核心理等方面的基本内容； （3）能够设计编制适于班组管理的考核要素和标准等	这些内容都需要深入了解
中层管理人员	科长 办公室主任	（1）除了掌握较现场管理人员更复杂的考核技法和原理外，还应能够组织和管理一个部门的考核活动； （2）对如何解释和应用考核结果，如何按上级要求结合本部门实际情况执行考核，如何针对考核心理加强思想教育等方面，也应注意培训	
人事管理人员	人事管理人员	（1）考核理论和各个子系统原理与方法的培训； （2）指导、监督和协调下级考核能力应特别注意如何科学地设计指标和标准，合理地进行加权、调整和计分，有效地解释和应用考核结果，使之同人事管理的各个环节紧密联系； （3）总结自己积累的人事经验，善于提出问题进行讨论	（1）培训要求比其他人员更高； （2）培训时应有针对性地进行指导，可在培训中及时采用有益的经验
高层管理人员	企业高层管理人员	（1）除了介绍一般原理、方法和效果外，应注意突出如何正确进行考核的决策、规划、组织、协调、控制和反馈； （2）如何选择考核人员和建立考核组织，如何掌握考核心理及加强思想教育等	
专业人员	专门研究人员	（1）全面掌握理论、原理与各种方法，独立进行一个系统或一个部门的考核技术工作，如计划、设计、编制、计量等； （2）独立处置和解决考核出现的各种技术性问题	（1）培训要具有深度； （2）培训人员要具有相当高的人事管理理论水平和实践经验

（3）专题培训。专题培训是在分级培训基础上进行的。通常对中层管理人员和人事管理人员进行。专题按考核的各子系统划分，如要素设计专题、标准编制专题、计量专题、实测专题、评价专题等。

2. 考评人员培训的内容

考核培训的内容主要包括纪律、道德、基础知识和技能，如表 5–5 所示。

表 5-5　考评人员培训的内容

<table>
<tr><th>培训项目</th><th>培训内容</th><th>培训目的</th><th>应注意事项</th></tr>
<tr><td>纪律</td><td>组织观念，适当的管理基础和人事法规的培训</td><td>以增强员工的科学管理和法治观念，严格按考核规程办事</td><td>不得将考核机构内部讨论的事情随意向外泄露</td></tr>
<tr><td>道德</td><td>（1）从考核人员的“自我”出发来启发他们进行规范的考核操作；
（2）讲解考核道德在整个考核过程中的各种表现，包括在考核准备、实施、统计和反馈阶段的注意行为</td><td>（1）建立起或强化考评人员的爱才之心和识才之道；
（2）以培养考评人员的良好品质</td><td>采用启发式而不是灌输式</td></tr>
<tr><td>基础知识</td><td>（1）人力资源开发和管理的有关理论；
（2）心理学基本理论和有关知识；
（3）人才学和人事心理学的有关理论；
（4）计算机应用知识等</td><td>帮助考评人员掌握必备的知识结构或常识，使他们在考评中和被考评者有共同的语言</td><td>在培训时，可根据缺什么补什么的原则，按学员文化水平、专业和自学状况确定</td></tr>
<tr><td rowspan="8">技能</td><td>（1）讲解上级精神和领导的决策、计划、本次考评目的</td><td></td><td rowspan="8">（1）将一个专题分为若干个小单元进行；
（2）技术性强的可以同基础知识结合起来进行培训，将时间适当放宽；
（3）运用案例分析的方法，让员工之间开展讨论</td></tr>
<tr><td>（2）讲解考评的基本原理</td><td></td></tr>
<tr><td>（3）简要介绍考评要素产生的过程及其意义，并进行要素定义培训</td><td>使每个员工掌握每个要素的内涵与外延</td></tr>
<tr><td>（4）结合实例讲解分析考评标准</td><td>使员工懂得如何把握标准</td></tr>
<tr><td>（5）讲解计量方法与实测方法</td><td>培养其分析问题和解决问题的能力</td></tr>
<tr><td>（6）讲解如何进行面谈、图示和应用考评结果</td><td></td></tr>
<tr><td>（7）讲解考评组织与机构等</td><td></td></tr>
<tr><td>（8）剖析考评过程各类人员的心理活动</td><td></td></tr>
<tr><td>误区</td><td>在培训过程中进行说明，使他们可以尽量避免这些错误，从而做出正确的评价</td><td></td><td></td></tr>
</table>

3. 考评人员培训应注意问题

（1）培训者的数量。培训班的规模应适中，参加的人数不宜过多，也不宜过少，一般是30～40名学员。参加人数过多，就不能保证每个人有发言机会，他们的“参与”意识就会减弱，从而达不到培训的目的。参加人数过少，讨论的气氛就不可能热烈，也同样会影响到培训的效果。此外，培训成本也会提高。

（2）培训的时间。培训的时间同样应当适中，不宜过长，也不宜过短，最好安排2～3天的工作时间，对考评人员进行集中培训。时间过短的缺点很明显，每个人就会没有充足的时间来进行交流、发言。时间过长也不好，因为大家不可能只有这一项工作，手头必然还有其他的事情要处理，培训拖得过长，也就会影响到其他工作的进展。此外，费用依然是一个不得不考虑的因素，时间过长，费用自然就多，同样“不经济”。

（3）培训的方式。对考评人员进行培训，不单是让他们掌握一些基本知识，更重要的是教会他们如何来处理实际问题。所以，在培训的时候，就不能单单采取说教的方式，而应该举各种案例，让学员共同进行讨论。在讨论的过程中，拓宽大家的思路，教会大家方法，这样操作起来就容易上手了。

第二节
开展绩效辅导

绩效辅导是指管理者与员工讨论有关工作进展情况、潜在的障碍和问题，解决问题的办法措施，员工取得的成绩以及存在的问题，管理者如何帮助员工等信息的过程。它贯穿整个绩效管理过程，不仅仅是在绩效管理的开始，也不仅仅是在绩效管理的结束，而是贯穿于绩效管理的始终。

在绩效辅导实施阶段，一方面员工汇报工作进展或将工作中遇到的障碍向管理者求助，寻求解决办法和资源上的支持。另一方面，管理者会对员工实际工作与绩效考核目标之间的偏差进行分析，并采取纠正措施或及时修改绩效计划。

一、绩效辅导的作用

绩效辅导的作用在于能够前瞻性地发现问题并在问题出现之前将其解决，根本目的在于对员工实施绩效计划的过程进行有效的管理，具体而言为以下几点。

（1）了解员工工作的进展情况，以便于及时进行协调调整。

（2）了解员工工作时碰到的障碍，以便发挥自己的作用，帮助员工解决困难，提高绩效。

（3）可以通过沟通避免考核时发生意外。

（4）掌握一些考核时必须用到的信息，使考核有目的性和说服力。

（5）帮助员工协调工作，使之更加有信心地做好本职工作。

（6）提供员工需要的信息，让员工及时了解自己的想法和工作以外的改变，以便管理者和员工步调一致。

二、绩效辅导的分类

绩效辅导是为员工的工作提供支持的过程，从支持内容的不同，可以把绩效辅导分为两类，一类是管理者给员工提供技能和知识支持，帮助员工矫正错误的行为；另一类是管理者提供职权、人力、财力等资源支持，帮助员工获取工作开展时所必备的资源。

（一）矫正员工错误的行为

在被考核者行为错误或者出现偏差时，管理者及时对其进行纠正。一旦被考核者能自己履行职责，按计划开展工作且没有偏差时，管理者就应该放手让他们自己管理。

（二）提供资源支持

被考核者由于自身职能和权限的限制，在某些方面可能会遇到资源调度的困难，而这些资源正是其完成工作所必需的。此时，管理者应向被考核者提供必要的资源支持，协助其完成工作任务。

三、绩效沟通辅导的方式

所有沟通方式主要可以分为正式的沟通方式和非正式的沟通方式。正式的沟通方式一般有书面报告、会议沟通和一对一面谈沟通等。走动式沟通、开放式办公、工作间歇时的沟通、非正式的会议等，每种沟通方式都有自己的优点和缺点，选择时依当时的情景而定，具体可见表 5–6。

表 5-6　各种沟通方式的特点及改进措施

沟通种类	沟通方式	沟通特点及改进措施	
正式的沟通	书面报告	优势	（1）可以培养员工理性、系统地考虑问题，提高工作方法中的逻辑性； （2）可以锻炼员工的书面表达能力； （3）可以在较短时间内收集到大量关于员工工作状况的信息； （4）可以让管理人员与员工不用见面即可沟通
		劣势	（1）由于是从员工到管理人员的单向传递，缺乏双向的信息交流； （2）大量的文字工作容易使沟通流于形式，而且员工也会因书面报告浪费时间而感到厌烦； （3）仅仅是单个员工和管理人员之间的信息交流，没有在团队中实现共享
		改进措施	（1）将书面报告的方式与面谈、会议或电话等口头沟通的方式结合在一起； （2）简化书面报告中的文字工作，只保留必要的内容，避免烦琐、官僚化； （3）充分利用现代的信息交流手段，这样可以使书面报告的交流速度和效率提高，增强实效性，以体现出书面报告的优越性
	会议沟通	优势	（1）可以提供更加直接的沟通方式，满足团队交流的需要； （2）管理人员可以借助开会的机会向全体下属员工传递有关企业的战略目标和组织文化的信息
		劣势	（1）组织比较耗费时间和精力，而且对管理人员的管理及沟通技巧要求较高； （2）有些问题不便于在团队中公开讨论； （3）与会者对会议的需求不同、目的不同，所以会对沟通中的信息进行选择性过滤； （4）时间安排得不好会影响工作； （5）若组织不够理想，会使会议成为官僚的、形式的东西
		改进措施	（1）注意会议的主题和频率，针对不同员工召开不同的会议； （2）不要开成批叛会、训话会、拌嘴会； （3）合理安排时间，以不影响正常的工作为宜； （4）在会上讨论一些共同的问题，不针对个人； （5）鼓励员工自己组织有关的会议，邀请管理人员列席
	面谈沟通	优势	（1）可以使管理人员与员工进行比较深入的沟通； （2）可以保持在两个人的范围内，可以谈论比较不易公开的观点； （3）比较容易建立管理人员与员工之间的融洽关系； （4）面谈中可以根据员工的处境和特点，因人而异地给予帮助
		劣势	无法进行团队沟通，容易带有个人的感情色彩
		改进措施	（1）在面谈的过程中，不能仅停留在员工个人所做的工作上，要让员工知道他们个人工作与组织目标的联系； （2）多让员工谈自己的想法和做法，鼓励员工产生新的创意； （3）及时纠正无效的行为和想法； （4）让员工认识到管理人员的角色，管理人员更多是起到支持者和问题解决者的作用

续表

沟通种类	沟通方式	沟通特点及改进措施	
非正式的沟通	走动式沟通	优势	比较容易与员工进行交流，有什么问题可以马上解决，可以减轻员工的压力，让员工感到激励和鼓舞
		应注意点	不要对员工工作行为有过多干涉，不要对他们指手画脚、品头论足
	开放式办公	将员工置于比较主动的位置上，员工可以选择在自己愿意的时间与管理人员沟通，这样增进了团队的氛围	
	工作间歇时的沟通	优势	沟通氛围轻松自由，话题随意
		应注意点	不要与员工过多地谈论比较严肃的工作问题
	非正式的会议	优势	可以在比较轻松的气氛中了解员工的工作情况和遇到的需要帮助的问题，管理人员也可借此发现团队中的一些问题

四、绩效辅导对管理者的要求

绩效辅导贯穿着绩效管理的全过程，在每次进行时，管理者都应该了解以下几个问题。

（1）被考核者所定工作目标的进展如何？

（2）被考核者哪些方面进行得好？

（3）被考核者哪些方面需要进一步改善和提高？

（4）被考核者是否在朝着既定的绩效目标前进？

（5）为使被考核者更好地完成绩效目标，需要做哪些改善？

（6）在提高被考核者的知识、技能和经验方面，管理者需要做哪些工作？

（7）是否需要对被考核者的绩效目标进行调整，如果需要，怎样调整？

（8）管理者与被考核者在哪些方面达成了一致？

（9）管理者与被考核者需要在哪些方面进行进一步的沟通探讨？

五、面对面绩效辅导的要领

（一）面谈准备要充分

主管在面谈前应做好如下两方面的准备。

1. 心理准备

心理准备是指主管要事先了解下属的性格特点、工作状况，预判下属在面谈中可能表现出来的情绪和行为，准备可能的应对策略。

2. 数据、资料准备

数据、资料准备包括工作业绩、计划总结、管理台账等方面。在面谈前，主管对有关资料谙熟于胸，有利于用科学的数据、事实来证明自己的观点，员工也同样如此，这样上下级的分歧就很小。这就需要建立管理台账，及时记录员工的行为表现，对员工的计划、总结、报告也要及时批示评点，这样面谈的时候才能言之有物，也避免了对下属工作不了解，打分难，提不出意见的窘况。

小提示

通过轻松的话题来培养融洽的气氛，面谈开始后就把面谈程序、目的和原则讲清楚，这是不可或缺的环节。

（二）双向沟通，多问少讲

面谈是一种双向沟通的过程，发号施令的主管很难实现从上司到“帮助者”“伙伴”的角色转换，所以，主管应该给下属充分的表达机会，才能有效地了解下属的问题和想法。首先要感谢下属这一阶段的工作贡献，引导下属说出工作中的酸甜苦辣，对问题的看法分析等，让员工自己思考和解决问题，表达心声。对有疑问的地方，要让下属陈述和解释。

主管要善于发现下属的闪光点，宣传分享下属的有益经验。尤其对绩效不佳的员工，也要表扬其好的一面，树立下属的信心，让其再接再厉，把工作做好。同时，主管给下属的反馈要尽量具体，无论批评还是表扬，都针对员工的具体行为或事实反馈，避免“你的态度很不好”或是“你的工作做得不错”这类空泛的陈述。另外，模棱两可的反馈不仅起不到激励效果，反而易使员工产生不确定感。

（三）问题诊断与辅导并重

主管一旦发现下属绩效低下，双方要立刻查找原因。是组织因素还是个人因素，是目标制定不合理，还是人员能力、态度有问题。如果是客观原因造成员工绩效下降，主管要及时协调各方面的关系和资源去排除障碍。诊断辅导的过程就是让员工树立这样的意识：主管就在他的身边，在他前进的过程中会随时得到主管的帮助。这样就不会有抱怨连连的现象发生。

诊断辅导过程中对事不对人的原则一定要牢记，只能说下属工作中存在的问题，不能涉及人格问题。最好不要拿他和其他员工做比较，而是与他的过去相比。当员工犯了某种错误或做了不恰当的事情时，主管应避免用评价性标签，如“没能力”“真差劲”等，而应当客观陈述事实和自己的感受。

（四）不仅谈论过去，更要发展未来

绩效管理是一个往复不断的循环，一个周期的结束，同时也是下一个周期的开始。因此在对人员绩效进行评价和回顾后，还要帮助员工找准路线，认清下一阶段的目标。主管与员工合作，对下一周期的工作重点、绩效的衡量标准、主管提供的帮助、可能的障碍及解决方法等一系列问题进行探讨并达成共识。最好的方法是让员工自己提出目标和解决方案，主管作为支撑者，帮助他解决其中的疑难。这样绩效面谈就能达到最佳结果：无论下属来的时候是什么心态，结束的时候都是愉快的，并且干劲十足。

（五）面谈沟通是一个持续的过程

考核和面谈只有几天的时间，但绩效沟通贯穿工作的全过程。绩效管理的核心就在于通过持续动态的沟通真正提高个人和组织绩效。不懂沟通的主管不可能拥有一个高效的团队。主管与员工在目标实施过程中随时保持联系，及时排除遇到的问题和障碍，考核结果也不会出乎意料，因为在平时的沟通中，员工就已经把自己的工作和主管基本达成了共识，因此绩效面谈也就变成了对平时讨论的一次复核和总结。最终合格的领导也会成长为员工的教练或者伙伴。

第三节 绩效信息收集

在绩效辅导阶段，有一项重要的工作是收集员工绩效信息。准确、及时的绩效信息对绩效考核、评估和改进都有重要的意义。

一、绩效信息收集的目的

1. 提供绩效评价的事实依据

工作过程中收集或记录的数据可以作为对员工绩效进行评价的依据，也可以作为晋升、加薪等人事决策的依据。

2. 提供改进绩效的事实依据

我们进行绩效评价的目的是改进和提高员工的绩效和解决问题。

3. 发现绩效问题和优秀绩效的原因

这些信息和关键事件可以帮助我们发现优秀绩效背后的原因，有助于对症下药，改进绩效。

4. 劳动争议中的重要证据

保留翔实的员工绩效表现记录，也是为了在发生劳动争议时企业有足够的事实依据。这些记录一方面可以保护企业的利益，另一方面也可以保护当事员工的利益。

二、绩效信息的来源

（一）直接上司

组织中对中低层员工的绩效评估，95% 是由他们的直接上司来做的。但有些组织已经认识到这种评估方式的缺陷。

（二）同事

同事的评估是最可靠的评估资料来源之一。

（1）同事之间的行动密切相关，日常接触使他们对与自己一起工作的同事的绩效有一个全面的认识。

（2）同事的评估提供了许多独立的判断。同时也存在两个具体问题：一是友情偏见；二是有可能存在评价不一致的问题。

（三）自我评估

让员工评估他们自己的工作绩效，与自我管理和授权观念是一致的。这种做法有助于消除员工对评估过程的抵触，能有效地刺激员工和他们的上司就工作绩效问题展开讨论。但是这种方法的评估结果易被夸大，且难免存在自我服务偏见。

（四）直接下属

下级非常适合对自己上级的领导能力，包括授权能力、组织能力以及沟通能力等做出自己的评价。组织通常还会要求下级对他们上级的以下几种能力做出评价。

（1）扫除员工面临的障碍的能力。

（2）使员工不受政治困扰的能力。

（3）提升员工胜任力的能力。

由下级提供的绩效信息的准确性因目的不同也会不同。如果让下级做出绩效评价是为了进行管理人员的开发，而不是用于管理方面的目的，则下级提供的绩效信息会更加准确。

（五）客户

客户是绩效信息的另一个来源。从客户那里收集信息可能是一个成本很高且费力的过程。尽管如此，对于需要与公众或与工作有关的特定群体紧密接触和互动的工作（例如，采购经理、供应商以及销售代表等）来说，由客户提供绩效信息非常有用。

（六）不同信息来源之间存在分歧：这是问题吗？

如果从不止一个绩效信息来源收集信息，那么很可能出现绩效维度重叠现象。另一方面，每一个绩效信息来源又有可能仅评价只能由自己完成的那些独特的绩效维度。无论最终采用哪种信息来源去评价某些绩效信息时，都应当让员工真情以积极的作用。

对同一位员工在特定绩效维度进行评价时，不同来源的绩效信息之间可能存在分歧。这是因为不同的绩效信息来源在对同一位员工的同一种胜任能力进行评价时，所依据的行为指标可能是不同的。必须让员工知道组织所使用的每一种绩效信息来源是如何对自己的绩效做出评价的。

如果发现不同的绩效信息来源对同一项内容的评价存在分歧，就必须对每一种绩效信息来源所提供的评价的相对重要性进行决策。

三、绩效信息的收集方法

收集绩效信息的作用想必大家都很清楚了，这里就不再赘述了，我们来看看信息收集的主要方法。

（一）观察法

观察法是指主管人员直接观察员工在工作中的表现，并对员工的表现进行记录。例如，一个主管人员看到员工粗鲁地与客户讲话，或者看到一个员工在完成了自己的工作之后热情地帮助其他同事完成工作等。这些就是通过直接观察得到的信息。

（二）书面报告法

在日常工作中，上级常常会要求下级以书面报告的形式报告工作的进展情况，因此书面报告可以作为绩效信息的来源之一。书面报告有定期报告，也有不定期报告，如工作日志、周报、月报和季报就是定期报告，不定期报告常常是上级就某一事件、项目或问题要求下级准备的专项报告。

1. 书面报告的优点

书面报告的优点表现在以下几个方面。

（1）可在短时间内收集到大量信息。

（2）书面报告由下级亲笔书写，能为绩效评估提供书面依据。

（3）书面报告能促进员工思考和总结。

2. 书面报告的缺点

书面报告有优点，但也有缺点，其缺点表现在以下几方面。

（1）主要是下级向上级传递信息，缺乏双向沟通。

（2）报告内容依赖于员工的自我检视，出于自我保护的意识，容易报喜不报忧。

（3）单凭报告内容很难做出全面判断。

（4）报告容易流于形式。

3. 书面报告的运用

书面报告的优缺点都比较明显，实践中可采用以下方法弥补书面报告的缺点。

（1）从其他渠道获得补充信息。

（2）将书面报告与其他方法结合起来，如面谈、定期抽查。

（三）工作记录法

工作记录法是指通过记录的方式将工作表现、结果和关键事件记录下来，形成类似档案的文件。如根据实际销售数量和服务质量等指标数据填写原始记录单，并定期汇总获得统计数据，这就是工作记录法。

对于下级出现特别突出或异常事件的情况，可用关键事件记录表进行记录，如表 5-7 所示。

表 5-7　关键事件记录表

姓名		部门		时间	
关键正向事件：					
关键负向事件：					

若管理者要了解员工日常工作事项的进展情况，也可以用工作记录表进行记录，如表 5-8 所示。

表 5-8　工作记录表

序号	日期	时间	工作事项	进展情况

（四）定期抽查法

很多信息都是员工自己记录的，管理者通常没有太多的精力亲自去收集和记录所有的信息。为了保证信息记录的真实性，可对记录的信息进行抽查。

（五）他人反馈法

员工的某些工作绩效不是管理人员可以直接观察到的，也缺乏日常的工作记录，在这种情况下就可以采用他人反馈的信息。一般来说，当员工的工作是为他人提供服务或者与他人发生关系时，就可以从员工提供服务或发生关系的对象那里得到有关的信息。例如，对于从事客户服务工作的员工，主管人员可以通过发放客户满意度调查表或以与客户进行电话访谈的方式了解员工的绩效；对于公司内部的行政后勤等服务性部门的人员，也可以从被服务的其他部门人员那里了解信息。

小提示

我们不可能将所有的绩效表现都记录下来，收集和记录时要以绩效为核心，应注意收集能反映绩效好或差的事实依据，对于那些与绩效管理无关的信息，不用去收集。

第四节
开展绩效评估

在确认绩效信息充分而且没有错误后，才可以根据这些数据对员工的绩效完成情况进行评估。在评估中管理者根据员工不同的工作特点和情况可以采取不同的评估方式。评估时要保证重要的评价指标没有遗漏、评价标准与工作绩效紧密相关、评价的过程公正有效。

一、人员定量考核法

人员定量考核法是一种把定性评价建立在定量分析基础上的科学考核方法。运用人员定量考核法能够避免定性分析易受考核人的主观认识和个人好恶影响的缺点，更能客观、公正、全面地反映被考核者的水平和能力，使考核工作科学化。

人员定量考核法用于考核和评价企业管理人员和员工的业务水平和工作能力。

（一）基本要求

人员定量考核法应达到以下基本要求。

（1）考核内容要能够全面反映出员工的实际情况和水平。

（2）考核的方法要尽可能简单易行。

（3）考核标准要尽可能准确。

（4）考核的结果要易于进行比较。

（5）对考核内容应根据其在考核中的重要程度，给予相应的权重数值。

（6）要尽可能采用电子计算机技术。

（二）应用步骤

1. 分解业务水平指标

员工的业务水平是各种能力的总体效应和综合反映，是相互联系、互相依赖、互相渗透的各种能力要素的集合。用 X_i 来表示某员工考核的总量，X_{i1}，X_{i2}，X_{i3}，$\cdots X_{in}$ 为对应分解成各项能力的隶属度。隶属度可用 0 ～ 1 间的数值来表示。0 与 1 是两种极端的状况，其他情况处于 0 至 1 之间。隶属度共有 n 项，L 代表所考核的人数。其数学模型如下所示。

$$X_i=\begin{bmatrix} X_{i1} \\ X_{i2} \\ X_{i3} \\ \cdots \\ X_{in} \end{bmatrix} \qquad i=1，2，3，\cdots，n$$

各项能力的隶属度确定后，则可综合获得一个员工各项能力的总值。用公式表示如下。

$$X_i=X_{i1}+X_{i2}+X_{i3}+\cdots+X_{in}$$

式中的 X_{i1}，X_{i2}，$\cdots$，X_{in}，可以根据考核内容和对象的不同分别加以确定。一般而言，可以有如表 5–9 所示几个方面。

表 5-9　员工能力要求说明

序号	能力类别	说明
1	工作能力（X_{i1}）	这是一个综合性指标，如筹划能力、判断能力、寻找问题能力、操作能力、理解能力、反应能力等。不同岗位、不同层次、不同部门对员工能力的要求也不同，要根据实际情况确定
2	工作态度（X_{i2}）	这是一个综合性指标，包括纪律性、工作积极性、工作责任心、协调性等。工作态度对工作效率的高低有很大的影响，是考核中的一项重要内容。它也要根据考核的要求而定
3	工作成绩（X_{i3}）	这是工作能力和工作态度以及其他个性特征综合作用的结果。它包括工作的质量和数量两个方面
4	学历（X_{i4}）	现代企业中的各项工作技术性越来越强，需要经过专门的培训和职业教育才能胜任。一般来说，一个人的学历基本上能反映出他的专业理论知识和水平
5	工作年限（X_{i5}）	员工的实际知识、处理或解决问题的实际能力必须通过实践取得和逐步积累。因此，可以把工作年限长短作为衡量一个人工作能力的一项标准，工作年限长，可以表明一个人的实际能力强和工作经验多。但这不是绝对的，不能说工作年限越长，业务水平就越高
6	工作资历（X_{i6}）	一个人的资历，也就是在企业中充当什么角色，承担什么任务和担当什么职务，也在很大程度上反映了他的工作能力和工作水平

这种分量指标还可以列举出很多。不同的企业人员可以有不同的考核指标。例如：研发人员就可以用学历、研发工作年限、技术创新能力、研发工作资历、论文写作能力、外语能力、研发工作作风等指标作为参考指标。

2. 确定决策系数向量

上述各评定项目，反映了对各种能力的重视程度。若考虑种种因素、使评定更加精确，可加入决策系数向量 $\boldsymbol{A}$。其数学模型如下。

$$\boldsymbol{J}=\boldsymbol{A}^{\mathrm{T}}X_i \quad i=1，2，3，\cdots，n$$

式中，$\boldsymbol{A}^{\mathrm{T}}=(a_1, a_2, \cdots, a_n)$ 为决策系数向量。各分量的大小即为相应项目的加权系数。这样，数学模型也可表示如下。

$$\boldsymbol{J}_i=a_1X_{i1}+a_2X_{i2}+\cdots+a_nX_{in}$$

决策系数向量各分量的取值要视要求而定。决策系数的取值可在 0 与 1 之间，也可以取大于 1 的值，起作用的是它们之间相对比例的大小。

3. 输入电子计算机运算输出结果

运用这种方法来对员工考核，方法比较简单，只需规定 $\boldsymbol{J}$ 值和加权系数，各项工作可以分别进行，从而增强考核的客观性和科学性。

二、强制分布法

强制分布法是指按照“两头小，中间大”的正态分布规律，先确定好各等级在总数中所占的比例，然后按照每位员工绩效的优劣程度，强制列入其中一定等级的绩效评估方法。

强制分布法适用于工作绩效难以通过数量来评估的工作。

（一）基本内容介绍

这种方法是基于这样一个有争议的假设，即所有小组中都有同样优秀、一般、较差表现的员工分布。

一般来说，各个等级的比例分布应该接近正态分布。例如，如果按照“出色”“很好”“良好”“有待改进”“不合要求”5 个等级进行强制分布，则如表 5-10 所示。

表 5-10　各个等级的比例分布

等级	出色	很好	良好	有待改进	不合要求
比例	15%	25%	40%	10%	10%

强制分布法与“按照一条曲线进行等级评定”的意思基本相同。使用这种方法，就意味着要提前确定准备按照一种什么样的比例将被评价者分别分布到每一个工作绩效等级上去。如图 5-1 所示。

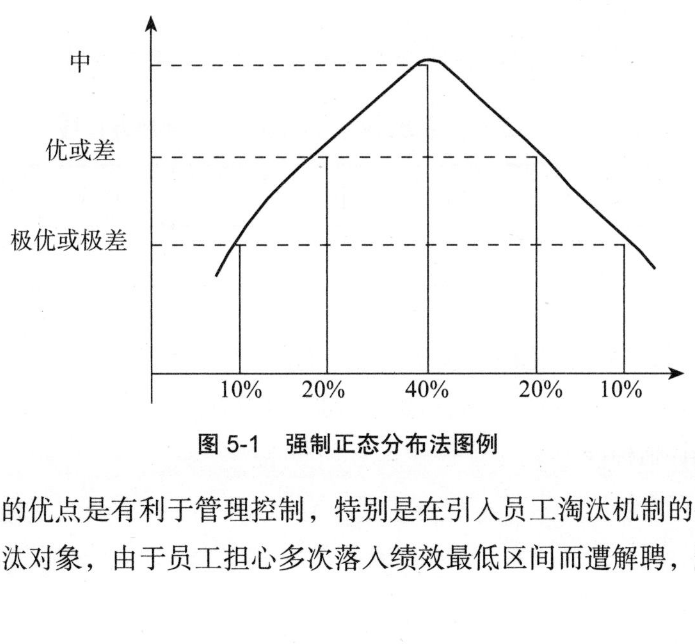

图 5-1　强制正态分布法图例

这种方法的优点是有利于管理控制，特别是在引入员工淘汰机制的企业中，它能明确筛选出淘汰对象，由于员工担心多次落入绩效最低区间而遭解聘，这种方法具有强制激励和鞭策功能。当然，它的缺点也同样明显，如果一个部门员工都十分优秀，如果强制进行正态分布划分等级，可能会带来多方面的弊端。

（二）应用步骤

在实际操作的过程中，这种评价工具的使用方法通常如下。

（1）将准备评价的每一名员工的姓名分别写在一张小卡片上。

（2）根据每一种评价要素来对员工进行评价。

（3）根据评价结果将这些代表员工的卡片放到相应的工作绩效等级上去。

（三）注意事项

强制分布法的比例规定只是一个对总体比例的控制，具体到各个部门，可以有一定的上下浮动。例如，有的部门可能只有几个人，很难要求它严格地按照比例分布进行评定。另外，很多公司将部门整体的业绩完成情况与部门内部员工绩效等级比例联系起来。当部门整体的业绩完成情况较好时，部门内部员工被评定为较高的绩效等级的比例相对比较高；相反，如果部门整体的业绩完成情况不好，那么部门内部的员工被评定为较高的绩效等级的比例相对比较低。如果将部门整体业绩完成情况分为 A、B、C、D、E 五个等级，当部门整体业绩完成情况为 A 级时，部门内部员工绩效等级比例分布如表 5-11 所示。

表 5-11　员工绩效等级比例分布（部门整体业绩为 A 级）

等级	出色	很好	良好	有待改进	不合要求
比例	15%	25%	40%	20%	0%

当整体业绩完成情况为 D 级时，部门内部员工绩效等级比例分布如表 5-12 所示。

表 5-12　员工绩效等级比例分布（部门整体业绩为 D 级）

等级	出色	很好	良好	有待改进	不合要求
比例	0%	10%	25%	45%	20%

为了尽量对评估标准达成一致意见，一方面在定义标准时尽可能地用比较清晰、避免歧义的语言；另一方面，在进行绩效评估之前对评估者应进行系统的培训，使他们掌握一致的评估标准。

三、强制选一法

强制选一法即根据事先确定的一系列评语，把考核对象与其中的评语进行对照得出初步结论，再把这些结论综合起来，最后做出评价的方法。

强制选一法适用于对员工进行总体评价，不涉及具体工作。

强制选一法一般要求考评者对每个供选择的考评结果做出反应，这种方法不管被考核者如何千差万别，都要一视同仁地利用评语逐条进行对照，并得出强制性的结论。

（一）强制选一法的考核表

强制选一法的考核表是把若干条评语编成一组，且每一组中不包括同性质、同系列的评语，然后再把这些评语汇集起来构成的，具体格式如表 5–13 所示。

表 5-13 强制选一法的考核表

评语组	内容	准确	不准确	评语组	内容	准确	不准确
Ⅰ	（1）业务知识非常丰富 （2）缺乏忍耐力 （3）领导能力很强 （4）经常敷衍工作			Ⅱ	（1）对下属非常关心 （2）忠于职守 （3）以自我为中心 （4）缺乏创造性		
Ⅲ	（1）有丰富的思想感情 （2）有担任中层管理者的能力 （3）缺乏注意力 （4）经常完不成任务			Ⅳ	（1）敢于负责，从不推卸责任 （2）基本能完成任务 （3）几乎不指导下属的工作 （4）工作缺乏干劲		

（二）应用步骤

1. 设计评语

设计评语就是用大量陈述句描述各种绩效状况，一般每一绩效状况由四至六句话组成一单元，每一单元中的句子都是绩效中同一方面的情景。

2. 考评者进行考评

考评者参照被考评者的实际状况，与这些句子逐条对比勾选，得出强制性的结论。

（三）注意事项

要预先做大量的准备工作，因为对每一职务的各绩效维度都得设计出许多专门的句子单元。

范本

某企业强制选一法的考核表运用示例

下列选项四个一组，逐组审查，把其中最能描述被考评者的行为项于“高”栏内标记“√”，把其中最不能描述被考评者的行为项于“低”栏内标记“√”。

行为事项	高	低
（1）勇于承担责任	□	□
（2）不懂得自己的权力范围	□	□
（3）有许多建设性意见	□	□
（4）不听别人的建议	□	□
（5）可以信赖	□	□
（6）认真	□	□
（7）爽快	□	□
（8）聪慧	□	□
（9）当员工工作好时表扬员工	□	□
（10）对下级意见不予重视	□	□
（11）在压力面前保持沉着冷静	□	□
（12）对下级进行空头许诺	□	□

四、图解式考评法

图解式考评也称为图尺度评价法（Graphic Rating Scale, GRS），是一种评价尺度表，是最简单和运用最普遍的工作绩效评价方法之一。

这种考评方法根据所限定的因素来对员工进行考评，被称为业绩评定表。采用这种方法，主要是在一个等级表上对业绩的判断进行记录。这个等级被分成几类，通常用数 5 ～ 7 表示，也常常采用诸如“优秀”“一般”和“较差”这些形容词来定义。当给出了全部等级时，这种方法通常可以使用一种以上的业绩评定标准。

（一）评价所选择的因素

评价所选择的因素有两类：与工作有关的因素和与个人特征相关的因素。与工作有关的因素是工作质量和工作数量；而涉及个人因素的有依赖性、积极性、适应能力和合作精神等。评价者通过指明最能描述出员工及其业绩的等级来完成这项工作，如表 5–14 所示。

表 5-14　图解式考核表示例

评价因素		较差，不符合要求	低于一般，需要改进，有时不符合要求	一般，一直符合要求	良好，经常超出要求	优秀、不断地超出要求
工作数量	考虑完成的工作量，生产率是否达到了可接受的水平					
可靠性	考虑对员工实现工作承诺的信任程度					
工作质量	在进行工作指派时要考虑到准确、精密、整洁和完成情况					
积极性	考虑是否自信，机智并愿意承担责任					
适应能力	考虑是否具备对需求变化和条件变化的反应能力					

有些企业为评价人对给定的每一因素做出评价提供了一定空间供灵活运用。当评价者做出最高或最低的评价时，应写明理由。

在表 5–14 中，对每种因素和每一等级也做出定义。为了得到一个对工作质量的较优秀评价，一个人必须不断地超额完成其工作要求。对各种因素和等级定义得越精确，评价者就会越完善地考评员工的业绩。当每个评价者对每个因素和等级都按同样的方法解释时，则会取得整个企业评价上的一致性。

（二）应用步骤

图解式考评法的操作步骤如图 5–2 所示。

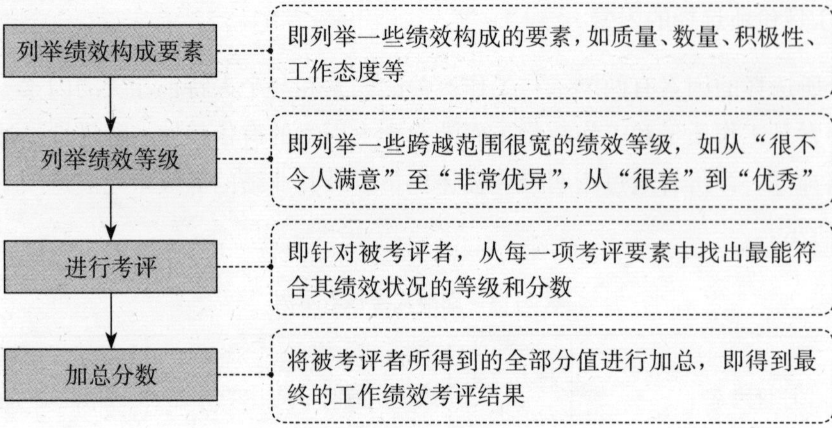

图 5-2　图解式考评法的操作步骤

范本

某企业图解式考评法示例

序号	一般性工作绩效考评要素		考评尺度	等级及得分	考评事实依据或评语
1	质量	所完成的工作的精确度、彻底性和可接受性	A．100 ～ 90 B．90 ～ 80 C．80 ～ 70 D．70 ～ 60 E．60 以下		
2	生产率	在某一特定的时间段中产生的产品数量和效率	A．100 ～ 90 B．90 ～ 80 C．80 ～ 70 D．70 ～ 60 E．60 以下		
3	工作知识	实践经验和技术能力以及在工作中所运用的信息	A．100 ～ 90 B．90 ～ 80 C．80 ～ 70 D．70 ～ 60 E．60 以下		
4	可信度	某一员工在完成任务和听从指挥方面的可信程度	A．100 ～ 90 B．90 ～ 80 C．80 ～ 70 D．70 ～ 60 E．60 以下		

续表

序号	一般性工作绩效考评要素		考评尺度	等级及得分	考评事实依据或评语
5	勤勉性	员工上下班的准时程度、遵守规定的工作时间、用餐时间的情况以及总体的出勤率	A. 100～90 B. 90～80 C. 80～70 D. 70～60 E. 60 以下		
6	独立性	完成工作时不需要监督或只需要很少监督的程度	A. 100～90 B. 90～80 C. 80～70 D. 70～60 E. 60 以下		
			总计		

说明：请根据被考评者的实际工作情况，对照上表中的内容，仔细考评被考评者的工作情况评分，最后平均汇总得出总数。

A——出色：在所有的工作领域中表现突出，并远远超出其他人。

B——很好：很好地完成职务的主要要求，工作质量高，成绩优秀。

C——良好：能胜任和独立地完成工作，达到了工作标准的要求。

D——有待提高：在有些工作范围中，能力和技能都存在缺陷，有必要提高。

E——不合要求：不能胜任现行的工作。

五、关键事件法

关键事件法是指通过观察，记录下有工作成败的关键事件，并依此进行工作分析或对员工进行考核评价的方法。

关键事件法适用于员工特殊的良好表现和劣等表现的评价及制定改善不良绩效的规划。

（一）关键事件法原理

关键事件法要求保存最有利和最不利的工作行为的书面记录。当这样一种行为对部门的效益无论是产生积极还是消极的重大影响时，管理者都应把它记录下来，这样的事件便被称为关键事件。在考评后期，评价者运用这些记录和其他资料对员工业绩进行评价。

（二）关键事件法的运用

在运用关键事件法的时候，管理者将每一名下属员工在工作活动中所表现出来的非同寻常的好行为或非同寻常的不良行为（或事故）记录下来。然后在每六个月左右的时间里，管理者和下属员工见一次面，根据所记录的特殊事件来讨论后者的工作绩效。

（三）关键事件法的优点

这种工作绩效评价方法通常可作为其他绩效评价方法的一种很好补充，因为它有着许多优点。

1. 提供了事实依据

为管理者向下属解释绩效评价结果提供了一些确切的事实证据。

2. 考察依据是员工的长期表现

确保管理者在对下属的绩效进行考察时，所依据的是员工在整个年度中的表现（因为这些关键事件肯定是在一年中累积下来的），而不是员工在最近一段时间的表现。

3. 获得具体实例

保存一种动态的关键事件记录还可以使管理者获得一份关于下属员工是通过何种途径消除不良绩效的具体实例。

（四）应用步骤

1. 识别岗位关键事件

运用关键事件分析法进行工作分析，其重点是对岗位关键事件的识别，这对调查人员提出了非常高的要求，一般非本行业、对专业技术了解不深的调查人员很难在很短时间内识别该岗位的关键事件是什么，如果在识别关键事件时出现偏差，将会对调查的整个结果带来巨大的影响。

2. 识别关键事件后，调查人员应记录以下信息和资料。

（1）导致该关键事件发生的前提条件是什么？

（2）导致该事件发生的直接和间接原因是什么？

（3）关键事件的发生过程和背景是什么？

（4）员工在关键事件中的行为表现是什么？

（5）关键事件发生后的结果如何？

3. 分类、归纳、总结

将上述各项信息资料详细记录后，可以对这些信息资料做出分类，并归纳总结出该岗位的主要特征、具体控制要求和员工的工作表现情况。

（五）关键事件法关注的三个重点

关键事件法一定要包括如下三个重点。

（1）观察。

（2）书面记录员工所做的事情。

（3）有关工作成败的关键性事实。

关键性事实是指一个员工在考评期内，干了哪些很出彩的事情或干了哪些不好的事情，主管都要把这些事情按时记下来。等到最后考评打分时，把工作日志拿出来，就会很清晰、很明了地看到这个员工所做的一切事情，这可以为最后的打分提供参考。

（六）运用关键事件法的注意事项

采用关键事件分析法，应注意以下事项。

（1）关键事件应具有岗位代表性。

（2）关键事件的数量不能强求，识别清楚后是多少就是多少。

（3）关键事件的表述言简意赅，清晰、准确。

（4）对关键事件的调查次数不宜太少。

实例

彭某是公司的物流主管。物流主管主要负责客户从海外运来货物的验关、报关工作，并把货物提出来，然后按照客户的要求运到客户那里，并保证整个物流的顺利进行。

这家公司很小，有20位员工，只有彭某一人负责这项工作。在公司里除了她再没有人熟悉这项业务了。可是在进行完一月份的考评后，二月份就发生了一件事情，她80多岁的祖母半夜里病逝。她从小由祖母养大，祖母的病逝使她很悲伤。为料理后事，她病倒了。碰巧第二天，客户有一批货物从美国运来，并要求清关后，在当天下午6点钟之前准时运到客户那里，而且这是一个很大的客户。彭某怎么做的呢？她把家里的丧事放在了一边，第二天早上9点钟准时出现在办公室，她的经理和同事都发现，她的脸色铁青，精神也不好，一问才知道她家里出了事。但是，她什么话也没说，一直忙着做进出口报关、清关的手续，把货及时从海关提出来，并且在下午5点钟就把这批货物发出去了，及时地送到了客户那里。然后，5点钟时，她就提前下班走了，回去料理祖母的丧事，可公司却是6点钟才下班。

这是一个关键性事件。如果这件事情她的部门经理没有发现，没有记下来，或者人力资源部同事也都没有发现，那么在其他员工的眼里，6点钟下班，她5点钟就走了，别人会认为她是早退。但是，如果部门经理善于观察，及时发现了这件事情，并知道了事情的原委，他会发现这是件很感人的事情。如果不是彭某的祖母去世，那么帮助客户快速办理货物，就是一个物流主管正常的工作，是不会被记下来的。但这一天，她置个人的事情于不顾，首先考虑到公司的利益，为了不让客户损失，克服了种种困难出现在办公室里，并提前完成任务。这是要加分的一件事情，应当把这件事情记录下来。

六、排序法

排序法是一种相对比较的方法，主要是将员工按照某个评估因素上的表现从绩效最好的员工到绩效最差的员工进行排序。例如，部门中业绩最好的员工被排列在最前面，最差的被排在最后面。

排序法只适合正在起步的企业使用或对人数较少的团队进行绩效评估，因为人数过多将会使排序的工作变得非常烦琐。

（一）排序法的种类

排序法一般又可分为两种。

1. 平均比较法

平均比较法是排序法的一种演变。在这种方法中，将每个员工的业绩与小组中的其他员工相比较。这种比较常常基于单一的标准，如总业绩。获得有利的对比结果最多的员工，被排列在最高的位置。如表 5-15 所示。

表 5-15　平均比较法的工作绩效评价表

部门： 考评内容： 成绩最高的员工： 1. ________　2. ________　3. ________　4. ________ 5. ________　6. ________　7. ________　8. ________ 9. ________　10. ________ …… 成绩最低的员工
说明： 根据考评的内容，把所有被考评者的姓名，按照最好到最差的次序排好，把最好者列在“1”的位置，依次根据成绩的高低向下排列。

2. 交替排序法

通常来说，根据某些工作绩效评价要素将员工从绩效最好到绩效最差进行排序，要比绝对地对他们的绩效进行评价容易得多，因此，交替排序法也是一种运用得非常普遍的工作绩效评价方法，如表 5–16 所示。

表 5-16　交替排序法的工作绩效评价等级表

评价所依据的要素：__________________

针对你所要依据的评价要素，将所有员工的姓名都列举出来。将工作绩效评价最高的员工姓名列在第 1 的位置；将评价最低的员工姓名排列在第 20 的位置上。然后将次最好的员工姓名列在第 2 的位置上；将次最差的员工姓名列在第 19 的位置上。将这一交替顺序继续下去，直到所有的员工都被排列出来。

评价等级最高的员工

1. ____________	2. ____________	3. ____________	4. ____________
5. ____________	6. ____________	7. ____________	8. ____________
9. ____________	10. ____________	11. ____________	12. ____________
13. ____________	14. ____________	15. ____________	16. ____________
17. ____________	18. ____________	19. ____________	20. ____________

（二）排序法的优缺点

很显然，排序考评方法的最大优点就是简单实用，其评价结果也令人一目了然，但这种方法容易对员工造成心理压力，在感情上也不易接受。

另外，排序法可能带来的一个负面影响就是员工之间的相互攀比和竞争。竞争本来是好事情，如果一个员工为了达到比同伴排名高的目的而努力工作并做出更好的成绩，这是竞争的积极方面。但是竞争并不总是给人带来积极的效果，有时，一个员工故意采取某种手段使自己的同事取得更差的成绩来使自己排名在同事前面，这样的后果则不是企业所期望达到的结果。

（三）应用步骤

将所有参加评估的人选列出来，分别针对每一个评估要素开展评估。以交替排序法为例，首先找出该要素上表现最好的员工，将他排在第一的位置上，再找出在该要素上表现最差的员工，将他排在最后一个位置上，然后再找出次最好的员工，将他排在第二的位置上，然后再找出次最差的员工，将他排在倒数第二的位置上，以此类推。然后以同样的方法就第二个要素进行评估，排列员工的顺序。

表 5–17 是用排序法进行绩效评估的结果。

表 5-17 排序法的绩效评估结果

要素一：工作责任感		要素二：问题解决能力		要素三：团队合作	
名次	姓名	名次	姓名	名次	姓名
1	李 ××	1	杜 ××	1	王 ××
2	杨 ××	2	袁 ××	2	李 ××
3	杜 ××	3	罗 ××	3	杨 ××
4	袁 ××	4	王 ××	4	袁 ××
5	罗 ××	5	李 ××	5	罗 ××
6	王 ××	6	杨 ××	6	王 ××

（四）注意事项

（1）一定要有排序指标，同时最好避免用同一把尺子去评老员工和新员工。如销售人员，已经在公司工作五年的销售代表和刚刚加入公司的销售代表就不应在同一起跑线去进行排序，因为老销售代表会有一些老客户和渠道，而新入的则可能没有这样的客户和渠道，用同一把尺子去排序显然是不合理的。

（2）可以选择两个指标或多个指标，然后在不同的指标之间进行权重的分配。比如销售人员，除了利润指标，还可以选择一个开发新客户的数量，利润指标的完成情况占 80%，开发新客户的数量占 20% 等，这样在新老员工之间排序则可能会趋向公平合理。

七、配对比较法

配对比较法是指由考核人员对被考核者的考核内容进行两两比较，决定优劣的一种评价方法。

配对比较法适用于职位的评估和员工的绩效评价。

配对比较法在绩效管理中常被用于职位的评估，选取几个指标，比如职位的重要性、影响程度、风险等，分别对职位进行配对比较，评估职位对于公司的价值，作为确定薪酬的依据。

（一）配对比较法的优缺点

配对比较法是人与人之间的比较，其优点是哪位员工做得比较好一目了然，缺点是如果只比较其中的一项因素，具有极大的片面性，而且在很大程度上取决于各部门主管对员工的看法，很难客观公正。

（二）应用步骤

1. 制卡

先把员工的姓名用成对组合的方法写在卡片上，每张卡片写两名职工的姓名，如果有 n 名职工参加考核，将共有 $n(n-1)/2$ 张卡片配对比较。比如有 5 名员工参加考核，就有 5（5–1）/2=10 张卡片。

2. 比较、排名

对每张卡片上两名员工的考核内容进行比较，哪一名员工得胜次数多，名次就往前排，从而通过两两比较，依次排列出各考核者的名次。

例如要对 8 名员工运用配对比较法进行评定，则先制作一个表格，如表 5–18，将被评估者的名字写在表格的第一行中，同时也写在第一列中。然后，分别与行中的每一个被评估者与列中的每一个被评估者进行比较，如果在这个评估因素上，评估对象比比较对象表现得好就填写一个“+”，表现差就填写一个“–”，最后统计每一个评估对象的“+”“–”号的数量，用“+”的数量减去“–”的数量，即为评估者的分数，按照分数可以排列出被评估者的次序或者选出较好和较差的对象。

表 5-18　配对比较法示例表

参评员工姓名	员工 A	员工 B	员工 C	员工 D	员工 E	员工 F	员工 G	员工 H
员工 A		+	–	–	+	–	–	–
员工 B	–		–	–	–	–	–	–
员工 C	–	+		–	–	+	–	–
员工 D	+	+	–		–	–	–	–
员工 E	+	+	+	+		+	–	–
员工 F	–	+	+	+	+		–	–
员工 G	+	+	–	+	–	–		–
员工 H	+	+	+	+	+	+	+	

表 5–18 中以横向为基准，“+”代表“好于”，“–”代表“差于”，根据每一个特定指标空格内所得“+”的个数之和排序，则员工 H 为最好，员工 B 为最差。

范本

某企业配对比较评定法运用示例

某部门参加评比的有5人，部门主管采用的是配对比较法，其做法如下。

下表的纵行与横行比，纵行比横行优，记为1，否则记为0。

配对比较评定法

	甲	乙	丙	丁	戊
甲	—	1	0	1	1
乙	0	—	0	0	1
丙	1	1	—	1	1
丁	0	1	0	—	1
戊	0	0	0	0	—

参加考核者有五人，共有10次对比，具体评定结果如下。

参加考核者	获优次数
甲	3
乙	1
丙	4
丁	2
戊	0

丙成绩最好，其他人依次为甲、丁、乙、戊。

八、行为锚定等级评价法（BARS）

行为锚定等级评价法BARS（Behaviorally Anchored Rating Scale）也称行为定位法、行为决定性等级量表法或行为定位等级法，是由美国学者史密斯（P.C.Smith）和德尔（L.Kendall）于20世纪60年代提出。

行为锚定等级评价法是用一些特定关键事件加以说明的行为来对工作绩效加以定位的工作绩效评价方法。

行为锚定等级评价法适用于管理人员和员工的行为等级评定。

（一）行为锚定等级评价法的优点

行为锚定等级评价法的优点如下。

（1）工作承担者直接参与了绩效评估和管理，有更多的民主性，便于为大家所接受。

（2）行为锚定是根据观察和经验获得的，具有可操作性。

（3）能准确地为员工提供评估反馈。

（二）行为锚定等级评价法的缺点

行为锚定等级评价法的缺点如下。

（1）行为锚定的文字描述耗时多，同时会动用较多的人力和物力。

（2）每一不同的工作都必须有不同的表格，不便于评估的管理。

（3）经验性的描述有时易出现偏差。

（三）应用步骤

应用行为锚定等级评价法通常要求按照以下五个步骤来进行。

1. 获取关键事件

首先要求对工作较为了解的人（通常是工作承担者及其主管人员）对一些代表优良绩效和劣等绩效的关键事件进行描述。

2. 建立绩效评价等级

接下来，将关键事件合并成为数不多的几个绩效要素（如 5 个或 10 个），并对绩效要素的内容加以界定。

3. 对关键事件重新加以分配

这时是由另外一组同样对工作比较了解的人来对原始的关键事件进行重新排列，即将所有这些关键事件分别放入他们自己认为最合适的绩效要素中去。通常情况是，如果就同一关键事件而言，第二组中某一比例（通常是 50% ～ 80%）以上的人将其放入的绩效要素与第一组人将其放入的绩效要素是相同的，那么，这一关键事件的最后位置就可以确定了。

4. 对关键事件进行评定

第二组人会被要求对关键事件中所描述的行为进行评定（一般是 7 点或 9 点等级尺度评定法），以判断它们能否有效地代表某一工作绩效要素所要求的绩效水平。

5. 建立最终的工作绩效评价体系

对于每一个工作绩效要素来说，都将会有一组关键事件（通常每组中有 6 个至 7 个关键事件）来作为“行为锚”。

范本

某企业行为锚定等级评价法示例

考评的职务：销售经理

考评的尺度：对下级的监控和培养

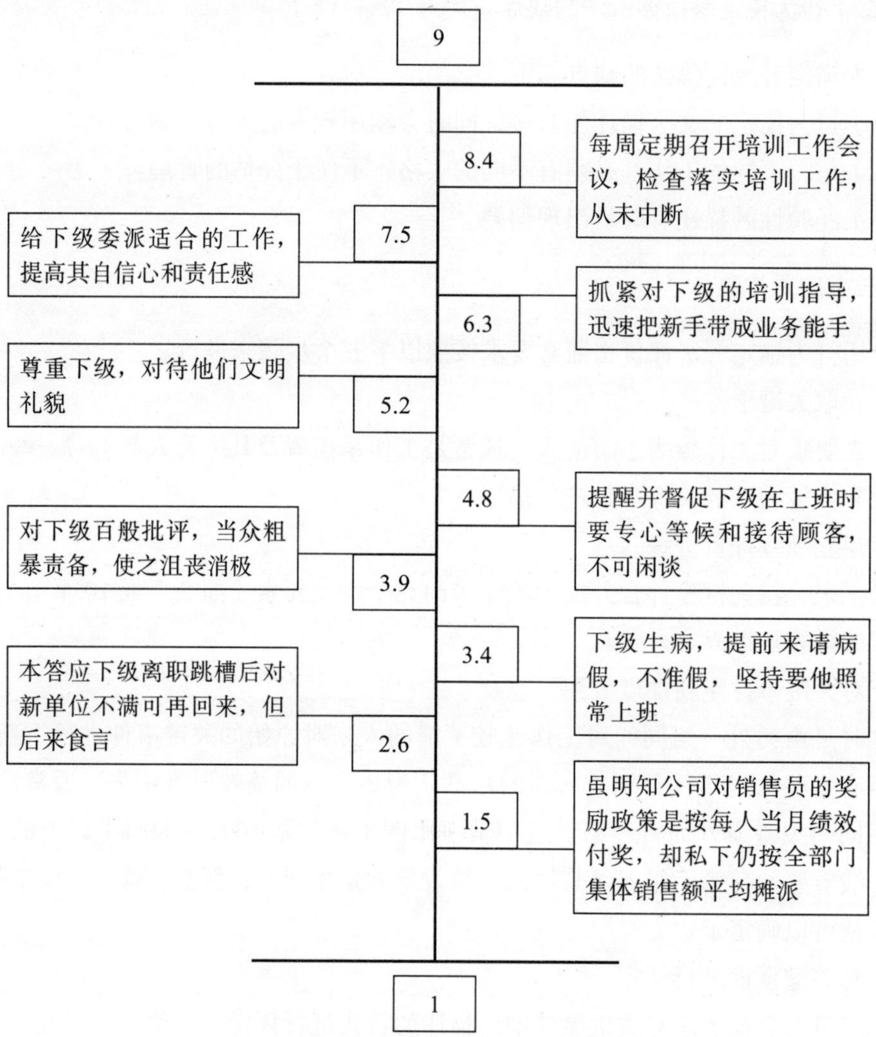

行为锚定评分法（BARS）举例

九、行为观察量表法（BOS）

行为观察量表法（Behavior Observation Scale，BOS），也称行为评价法、行为

观察法，是评价工作者表现出某种行为的频率的一种评估方法。

行为观察量表法适用于主管督导的下属不太多的场合。

（一）行为观察量表法的优点

（1）所列工作行为要求都以有系统的工作分析为基础。

（2）明确陈述工作行为的评核项目与向度。

（3）可以让员工参与重要行为向度的设计，帮助员工了解与接受。

（4）由于行为向度相当明确，因而主管很容易做绩效回馈，员工也较易遵循。

（二）行为观察量表法的不足

（1）要花费很多时间来开发。

（2）每一工作都需要一种单独的工具（因为不同的工作要求有不同的行为），因此，这一方法有时并不实际。除非一项工作有许多任职者，否则为该项工作开发一个行为观察量表耗费成本太多。

（三）应用步骤

1. 制定行为观察量表

根据各岗位的特征、要求确定一些关键行为，并设计成一表格，如表5-19所示。

表5-19　行为观察量表示例

职位：客户服务员
良好的表现： 1．书写发票工整、清晰 几乎没有　　总是如此 1　2　3　4　5 2．接待顾客时很友善 几乎没有　　总是如此 1　2　3　4　5 3．处理顾客投诉很有耐心，并有技巧 几乎没有　　总是如此 1　2　3　4　5
不好的表现： 1．电话响了三次以后还是未接 几乎没有　　总是如此 1　2　3　4　5 2．常与顾客吵架 几乎没有　　总是如此 1　2　3　4　5

2. 进行观察并予以记录

对员工行为实施观察，并把观察结果记录下来，赋以分值。

3. 汇总统计

将员工的每一种行为频率的分数值加总统计，即可得到评估结果。

十、自我申报法

自我申报法就是指被考核者对自己的工作成绩、态度、能力、水平等的自我评估。这种评定方法把一部分评定内容委之于最了解情况的本人，从而调动被考核者的积极性，极受考核者和被考核者的欢迎。

自我申报法适用于管理人员的自我评估，并且参评的人数不宜太多。

（一）自我申报的内容

自我申报的内容包括以下几点。

（1）现任职务（包括过去的经历）。

（2）履行所任职务工作时知识、能力、态度的适应情况。

（3）个人能力的发挥情况。

（4）最近一年内致力的工作，获得的成果。

（5）自认为最易发挥能力的工作是什么？

（6）未来的设想和打算。

（7）专业知识、技能、性格、研究能力、组织能力、交际能力、资历、健康状况等。

（二）应用步骤

自我申报法通常让被评估人填写一份“员工自我鉴定表”，对照岗位要求，回顾一定时期内的工作状况及列出将来的打算，并举出在这段时间内一至三件重大贡献事例及一至三件失败的事，并给出相应的原因，对不足之处提出改进建议。

（三）注意事项

一般在每年年终进行，要求大家集中在一起，先不说明集中的目的，且要求没有助手参加，由被评估者独立完成总结。

范本

员工自我评价表

姓名：　　部门：　　岗位：　　考核期限：　　评价日期：

评价项目	评价要点	评价尺度（分）				
		优	良	中	可	差
1. 工作态度	A. 严格遵守企业规章制度，服从领导安排并有效利用工作时间	5	4	3	2	1
	B. 有高度的主人翁意识，工作态度积极，办事有始有终	5	4	3	2	1
	C. 无迟到早退，无旷工；稳重踏实，恪尽职守	5	4	3	2	1
	D. 富有团队精神，协助上级，配合、帮助同事	5	4	3	2	1
2. 工作能力	A. 正确理解工作内容，制订适当的工作计划	5	4	3	2	1
	B. 无需上级领导费心，按照规定独立完成工作并保证工作质量	5	4	3	2	1
	C. 及时与同事及合作者沟通，使工作顺利进行	5	4	3	2	1
	D. 迅速、适当地处理工作中的困难及临时安排的工作	5	4	3	2	1
3. 工作效果	A. 工作成果达到预期目的或计划要求 / 客户给予表扬或好评	5	4	3	2	1
	B. 定期进行工作总结，为以后工作的顺利进行奠定基础	5	4	3	2	1
	C. 工作成果有效提升企业信誉度，有助于企业发展壮大	5	4	3	2	1
	D. 工作熟练程度和技术水平不断提高	5	4	3	2	1
4. 工作状态	A. 勤奋好学，吃苦耐劳，勇于创新	5	4	3	2	1
	B. 心态积极向上，工作态度端正	5	4	3	2	1
	C. 言语文明，谈吐大方，举止得体	5	4	3	2	1
	D. 自检自爱，尊重他人，经常提出利于企业发展的好建议	5	4	3	2	1
5. 卫生情况	A. 工服整洁，个人卫生持续保持，个人形象良好	5	4	3	2	1
	B. 办公 / 工作区域干净整洁，办公用品 / 工具设备摆放整齐	5	4	3	2	1
	C. 爱惜他人劳动成果，主动维护厂内卫生	5	4	3	2	1
	D. 关注全厂卫生情况，监督破坏卫生行为	5	4	3	2	1

续表

1. 通过以上各项的评分（满分为 100 分），综合得分是：______分；所属等级是： □优秀（95 分以上） □良好（80 分以上） □一般（60 分以上） □较差（60 分以下） 2. 工作概述： 我的工作职责是：____________________； 前期工作中存在的不足之处是：____________________； 以后将做到：____________________加以改进。 3. 签字：________ 日期：______年____月____日
部门主管评定： 1. 评语：该员工的自我评价____________________； 希望在以后的工作中____________________。 2. 依据本次评价，特决定该员工： 提薪 / 降薪为________，福利待遇为________。 签字：________ 日期：______年____月____日

十一、坐标式评等法

坐标式评等法是由评估者就一系列描述工作或个人品质的语句，在适当的绩效向度中勾选或评分而进行绩效评估的方法。

坐标式评等法适用于各种机构单位的部门和员工绩效测评。

坐标式评等法的评估项目包括实务处理能力、意愿态度、实绩等。设计比较简单，评估的结果是量化的分数，可作员工间或部门间的比较，且包括较多的绩效向度或效标。但有一个缺点，就是无法帮助员工发展，例如，它并未告诉员工如何改善目前的缺失或如何精益求精。

（一）应用步骤

坐标式评等法的应用步骤为：首先要建立评估项目，其次确立评价尺度和着眼点，如表 5-20 所示。

表 5-20　坐标式评等法示例

项目	分项及定义		分值	评价着眼点
实务处理能力	知识与技能	综合执行职务所需的知识（基础知识、实务知识、相关知识）及技能来判断该员处理业务的能力	5	正确性几乎是最高水准，几乎能独立处理复杂而广泛的工作，有能力改善业务及指导后续工作
			4	能独立完成职务工作，速度及正确性在平均水准之上
			3	处理工作的速度及正确性处于平均水准
			2	能处理通常的工作，但速度及正确性在平均水准以下
			1	工作的速度及正确性有问题，需要上司的检查及指导的事较多
意愿态度	改善意愿	提高职务的品质及效率，把握工作的重点，发挥创造力，及提出具体方案而付诸实行的意愿	5	对自己的工作，也对工作场所的改善提出具体有效的对策，其件数、品质皆属最高级
			4	自己推行改善提案的意愿高，其件数及品质在平均水准以上
			3	有改善的意愿，其具体改善方案的件数与品质达到平均水准
			2	改善的件数与品质未达平均水准，需要上司指导，缺乏自发性
			1	对改善工作不太关心，虽有上司指导与忠告，也不愿处理
	责任感	相当了解自己的责任、立场，努力达到上司的期待，从无回避或转嫁责任的情况，能如期完成所交付的工作	5	始终尽最大的努力，如期完成工作，足为他人模范者
			4	遭遇困难，但能努力完成
			3	对所交付的工作努力不懈，有始有终，大致能达成
			2	对自己的责任、立场理解不足，想努力完成工作的程度不够
			1	有回避责任或转嫁他人的情况，做事未能有始有终
	规律性	了解并遵守公司的方针、工作规则、职场内的纪律以及遵循上司指示的程度	5	十分了解规则并积极遵守，成为他人模范，同时能注意与指导遵守意识较低的人
			4	努力遵守规则，未造成他人困扰
			3	通常不带给他人困扰，工作上也无障碍
			2	对规律不甚了解，常违反纪律，如迟到、早退、缺勤等
			1	不遵守规则，常有迟到、早退、缺勤及引起工作障碍等情形

续表

项目	分项及定义		分值	评价着眼点
意愿态度	协调性	有作为组织一份子的觉悟，竭力保持团体行动，积极协助他人的工作，积极建立良好的人际关系	5	尽最大的努力提升团体活动协调性，也积极协助他人的工作，有时甚至发挥自我牺牲的精神，为他人的模范
			4	积极为促进团体活动及提升人际关系而努力
			3	在维护团体活动及人际关系上，已尽了一般的努力
			2	欠缺自己是组织中一员的认识，偶有妨碍团体活动及人际关系的情形
			1	常有以自我为中心，扰乱团体活动及人际关系的情形
实质	责任感	对所交付目标的达成度	5	120% 以上
			4	100% 以上
			3	80% 以上
			2	60% 以上
			1	未满 60%
	努力度	本人努力达成目标的程度（考虑目标的难易度，及是否有外在因素影响目标的达成）	5	在所设定的目标程度高及外在困难度高的情形下，能尽最大的努力达成目标
			4	目标过高或在困难度过高的情形下，尽力达成目标
			3	为达成目标已尽了十分的努力
			2	努力稍为不足
			1	未尽到一般的努力

（二）注意事项

运用坐标式评等法时宜在评估结果下方加设一些空栏，由评估者撰写简短的评语或建议，以兼顾评估与发展的双重目的。

范本

销售人员绩效评价表

被评估者：　　　　　　　　评估人：　　　　　　　　评估日期：

要素	目标	指标	标　尺	分值	等级	评价结果	
						得分	等级
工作态度	品德素养	事业心和进取心	工作热情时高时低，缺乏进取精神	0.1～0.3	D		
			可热情工作，但不持久	0.4～0.6	C		
			有进取心，工作热情主动	0.7～0.9	B		
			在任何情况下，都有明确奋斗目标，积极进取	1	A		
		责任心	对企业销售状况漠不关心	0.1～0.2	D		
			涉及个人利益时，会关心公司状况	0.3～0.5	C		
			对分配下来的销售任务被动完成	0.6～0.9	B		
			积极参与企业产品的销售，与公司共命运	1	A		
		真诚	为推销产品，不择手段，掩盖真相	0.1～0.3	D		
			夸大优点，缩小产品缺点	0.4～0.6	C		
			实事求是	0.7～0.9	B		
			顾客购买了产品，并觉得是自己做出的选择，对销售员充满信任	1	A		
	工作实践	资料准备及应用	把企业的宣传品一发了事	0.1～0.3	D		
			用企业宣传品，依自己情绪好坏，讲解时多时少	0.4～0.6	C		
			自己整理资料，配以自己讲解	0.7～0.9	B		
			自己整理资料，使宣传品有特色，讲解细致生动	1	A		

续表

要素	目标	指标	标尺	分值	等级	评价结果	
						得分	等级
推销能力	智力素质	知识结构	知识水平低，对实际生活没有感触	0.1 ～ 0.3	D		
			知识水平一般，能总结自己经验	0.4 ～ 0.6	C		
			知识水平一般，能总结自己、他人实践中的经验	0.7 ～ 0.9	B		
			知识水平很好，善于联系实际，活学活用	1	A		
		推销次数及时间运用	被拒绝就不尝试，等到该完成任务时才去	0.1 ～ 0.3	D		
			被拒绝还接着尝试，按时完成任务	0.4 ～ 0.6	C		
			被拒绝还接着尝试并转换方式，提前完成任务	0.7 ～ 0.9	B		
			锲而不舍，月初即完成总销售额 50% 以上	1	A		
	智能素质	对产品性能掌握程度	对产品性能不解	0.1 ～ 0.3	D		
			一知半解	0.4 ～ 0.6	C		
			大部分了解	0.7 ～ 0.9	B		
			全面了解，并知其构造、生产过程、修理知识等	1	A		
评语或建议：							

第六章

绩效反馈与面谈

章前概述

绩效反馈是绩效管理的最后一步，是由员工和管理人员一起，回顾和讨论考评的结果。如果不将考核结果反馈给被考评的员工，考核将失去极为重要的激励、奖惩和培训的功能，因此，绩效反馈在绩效管理中起到至关重要的作用。

思维导图

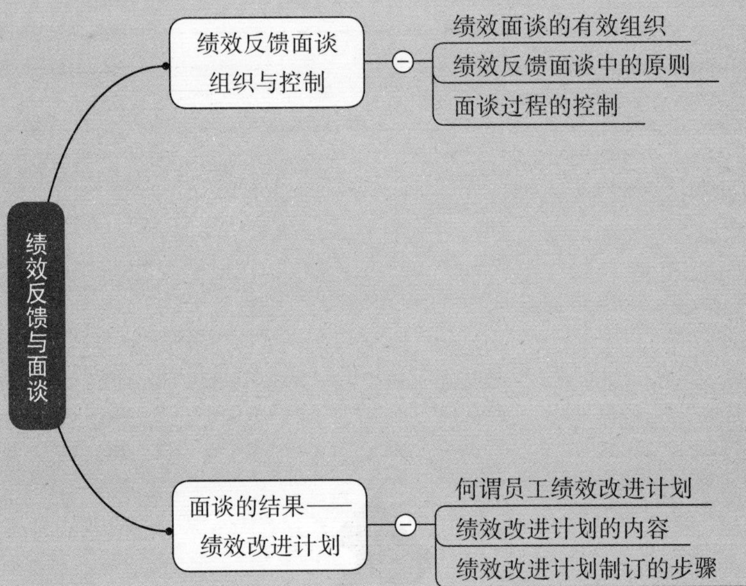

第一节
绩效反馈面谈组织与控制

在最终的绩效评估结果生效之前，管理者还必须与下属就评估结果进行讨论，面谈的主要目的是使管理者和下属对绩效评估结果形成共识，使下属接受绩效评价结果。

一、绩效面谈的有效组织

（一）分析员工的注意力层次

员工的注意力层次，可分为三层，如图 6–1 所示。

第一层次是总体任务过程的层次或称自我层次

员工关心的问题是：我做的工作怎样能够为组织发展做出贡献，我在组织中的位置是什么，对自己提出了什么样的要求

第二层次是任务动机层次

员工关心的是他所执行的工作任务本身，这项工作怎么做，有没有更好的办法来完成这项任务

第三层次，即最低层次，是任务学习层次

员工关注工作执行过程中的细节和员工的具体行动。

图 6-1　员工的注意力层次

对于层级越高的员工，对信息反馈的要求高，接受传递的信息就越快，他改变自身行为也就越快，相应地他的关注层次会随之提高。

（二）面谈计划的拟定

1. 面谈方式的选择

面谈方式主要有两种：针对公司各部门中的任务团队，采取团体面谈法；针对个人则采用一对一的面谈方法。

2. 面谈时间的确定

对于季度考核，应在考核结束一周之内安排面谈，面谈时间不少于 30 分钟；对于年度考核，应在考核结束一周之内安排面谈，面谈时间应不少于 1 个小时。

范本

绩效反馈面谈计划表

<table>
<tr><td>姓名</td><td></td><td>年龄</td><td></td><td>工作年限</td><td></td><td>部门</td><td></td><td>职务</td><td></td></tr>
<tr><td>经历</td><td></td><td>最近的绩效</td><td colspan="7"></td></tr>
<tr><td>面谈要点</td><td colspan="2"></td><td colspan="2">面谈注意事项</td><td colspan="5"></td></tr>
<tr><td>时间</td><td colspan="4">____年__月__日（星期____）
____时____分～____时____分</td><td rowspan="2" colspan="2">场所布置</td><td rowspan="2" colspan="3"></td></tr>
<tr><td>场所</td><td colspan="4"></td></tr>
<tr><td>问题概要</td><td colspan="3"></td><td colspan="3">面谈目的</td><td colspan="3"></td></tr>
<tr><td>面谈方式</td><td colspan="9"></td></tr>
<tr><td>面谈内容</td><td colspan="9"></td></tr>
<tr><td>解决方法</td><td colspan="9"></td></tr>
</table>

（三）管理者应做的准备

绩效反馈面谈前管理者应做的准备如表 6–1 所示。

表 6-1　管理者应做的准备

序号	准备事项	详细内容
1	选择适当的时间	（1）选择双方都有空闲的时间。 （2）尽量不要选择接近下班的时间。 （3）管理人员要选择一个自己可以全身心投入到绩效反馈面谈中去的时间。 （4）由管理人员提出的时间要征得员工的同意。当管理人员定下一个进行面谈的时间后，一定要询问员工这个时间是否可行，这样一方面可以表示出对员工的尊重，另一方面也可以确认员工在这段时间是否有其他的安排
2	选择适当的地点	（1）主管办公室、小型会议室或类似咖啡厅等休闲地点。 （2)还应注意安排好与谈话者的空间距离和及其位置。距离太近，造成压抑感；距离太远，沟通双方无法清晰地获得信息
3	准备面谈评估资料	（1）绩效计划，这是公司与员工就任务目标所达成的共识与承诺，也是绩效反馈的重要信息来源。 （2）职位说明书，员工的工作有可能在过程当中发生改变，可能增加一些当初制定绩效目标时所不能预料到的内容，也有可能一些目标因为各种原因而没能组织实施，这个时候，职位说明书作为重要的补充将发挥重要的作用。 （3）绩效考评表，这是进行面谈的重要依据。 （4）绩效档案，这些是做出绩效评价的重要辅助材料。 （5）绩效考核面谈记录表，用来记录面谈的内容
4	计划好面谈的程序	（1）计划好如何开始。采取什么样的开场白取决于具体的谈话对象和情境。 （2）计划好面谈的过程。先谈什么，后谈什么，要达到何种目的，运用什么技巧。 （3）计划好在什么时候结束面谈以及如何结束面谈

在面谈之前，管理人员除了要确定时间、准备场地和资料外，还要对将要进行面谈的对象有所准备。这种准备是一种心理上的准备，也就是要充分估计到被评估的对象在面谈中可能表现出来的情绪和行为。要做好这种准备，就必须很好地了解被评估对象的个性特征，以及本次绩效评估结果对其的影响，被评估对象对本次绩效评估可能表现出来的态度等。尤其是要准备好一旦被评估对象与管理人员的意见出现不一致时，将要如何解释和对待。

范本

绩效面谈记录表

谈话日期______年____月____日

员工姓名：___________ 工号：_____________ 部门/处：________

岗位/职位：_________ 上级姓名：_________ 职位：___________

1.确认工作目标和任务：（讨论岗位职责与工作目标完成情况及效果，目标实现与否；双方阐述部门目标与个人目标，并使两者相一致；提出工作建议和意见）

2.工作评估：（对工作进展情况与工作态度、工作方法做出评价，什么做得好，什么尚需改进；讨论工作现状及存在的问题）

3.改进措施：（讨论工作优缺点；在此基础上提出改进措施、解决办法与个人发展建议）

4.补充：

上级签名：_________ 被考核员工签名：________

注：

在进行绩效沟通时，由上级填写，注意填写内容的真实性。

被考核员工分别在“工作绩效考核表”和“绩效面谈记录表”上签名，签名并不代表你同意考核表上的内容，仅表示本次考核上级确曾与你讨论过。

该表与“员工绩效评估表”“部门考核汇总表”“部门考核分析表”共同交至人力资源部。

5.沟通准备与谈话内容可参考《绩效面谈指南》的相关内容。具体沟通内容可根据实际情况适当增删，不必完全拘泥于本表建议的内容与格式。

范本

员工绩效考核面谈记录表

部门： 面谈双方： 面谈具体时间： 年 月 日 时至 时

1. 对员工在本评估期内所完成的工作的全面回顾及客观评价（含工作内容、进展与成效、不足与改进意见、工作成果评价、未完成的工作内容及原因分析等）
2. 员工在下一个评估期的工作目标、工作计划 / 工作安排、工作内容或上级期望（本部分可由员工先考虑，面谈中再由双方进行修改确认）
3. 为更好地完成本职工作和团队目标，员工在下一阶段需要努力和改善的绩效，直接主管的期望、建议、措施等
4. 员工对部门（公司）工作的意见 / 建议、不满 / 抱怨、工作 / 生活 / 学习中的烦恼和困难、希望得到的帮助 / 支持 / 指导
5. 以上面谈提纲中未涉及的其他面谈内容

员工签字（我同意面谈内容）： 直接主管签字（我同意面谈内容）：

（四）员工准备

由于面谈是主管和员工共同完成的工作，只有双方都做了充分的准备，面谈才能达到良好的效果。所以，在面谈计划下发时，还要将面谈的重要性告知员工，让员工做好充分准备。主要是：要求员工主动收集与绩效有关的资料，要实事求是，有明确的、具体的业绩，使人心服口服；同时，还要认真做好自我评估，其内容要客观真实、准确清晰。

绩效反馈面谈前员工应做的准备如下。

（1）回顾上一绩效周期的表现与业绩，准备一些表明自己绩效状况的事实。

（2）对自己的职业发展有一个初步的规划，正视自己的优缺点和有待提高的能力，以便和主管一起制订改进计划。

（3）面谈通常是一对一地双向交流的过程，员工可以准备好一些与绩效管理有关的问题，以便在面谈中向管理人员提问。

（4）事先安排好工作时间，避开重要的和紧急的事情。由于绩效反馈面谈可能要占用约 1 ～ 2 个小时的时间，这段时间内员工无法在自己的工作岗位上，因此应事先安排好工作，在这段时间内避开一些重要的事情。

二、绩效反馈面谈中的原则

1. 建立和维护彼此之间的信任

沟通要想顺利地进行，要想达到理解和共识的目的，就必须有一种彼此互相信任的氛围。要建立这样一种信任关系，首先双方都必须摆正自己的心态，开诚布公，坦诚沟通。另外在沟通的环境方面，也应努力创造这样的气氛。在面谈开始时，花上几分钟的时间谈论一些轻松的话题也比较容易拉近双方的关系，促成彼此间的信任。

2. 清楚地说明面谈的目的

面谈双方如果想要使面谈取得良好的效果，就必须有一致的面谈目的。如果面谈双方对面谈的目的还没有一致的意见，各自怀着各自的目的，那么面谈就很难朝着一致的方向进行。因此，管理人员在面谈开始时一定要清楚地说明面谈的目的。并且在面谈的过程中，如果一方表达的方向偏离了面谈的目的时，另一方就可以重申这一面谈的目的，将对方拉回到正确的轨道上来。

3. 鼓励下属说话

借助绩效反馈面谈的机会一定要让下属人员把自己真实的想法说出来。有些下属可能会迫不及待地表达自己的意见，管理人员在这种时候不要过多地打断和压制他们；有些下属人员可能比较害羞或不敢说话，只有管理人员问话时才做出回答，这时管理人员就要通过创造互相信任的气氛打破僵局，鼓励下属人员主动发表意见。

4. 认真倾听

管理人员在鼓励下属说话的同时，要注意倾听。倾听并不只是保持缄默不说话，而是要真正用心去理解对方的话语。

5. 避免对立和冲突

作为管理人员应该尽量避免激烈的对立和冲突的出现。在有的情况下，当出现不同意见时，管理人员应就有不同见解的问题向员工沟通清楚原则和事实，争取员工的理解，同时也多站在员工的角度，设身处地为员工着想，要勇于当着员工的面承认自己错误的观点。承认自己的不对不但不丢面子，反而会赢得员工的信任。只有这样做才能达到双赢的结果。

6. 集中在绩效，而不是性格特征

在绩效反馈面谈中双方应该讨论和评估的是工作绩效，也就是工作中的一些事实表现，而不是讨论员工个人的性格。员工的性格特点不能作为评估绩效的依据。但是，在谈到员工的主要优点和不足时，可以谈论员工的某些性格特征，但要注意这些性格特征必须是与工作绩效有关的。

7. 集中于未来而非过去

绩效反馈面谈中很大一部分内容是对过去的工作绩效进行回顾和评估，但这并不等于说绩效反馈面谈集中于过去。谈论过去的目的并不是停留在过去，而是从过去的事实中总结出一些对未来发展有用的东西。因此，任何对过去绩效的讨论都应着眼于未来，核心目的是为了制订未来发展的计划。

8. 该结束时立即结束

当绩效反馈面谈的目的已经达到时，就应该结束面谈，不要拖延。值得说明的是，在很多情况下，绩效反馈面谈的目的并没有完全达到，也应该停止面谈。另外再约时间继续面谈。

三、面谈过程的控制

建立彼此的信赖关系是绩效沟通面谈成功的首要前提。管理者要清楚地说明面谈的目的和作用，要能够充分调动员工参与讨论的积极性，赢得员工的合作。管理者要注意倾听员工的意见，倾听有利于管理者全面了解情况，印证自己的判断，把握交流的基调，问得多、讲得少，有利于为面谈营造一个积极的氛围。

（一）绩效面谈的主要内容

面谈的主要内容如下。

（1）回顾和讨论过去一段时间工作的进展情况，包括工作态度、工作绩效、企业文化建设等。

（2）双方讨论计划完成情况及效果、目标是否实现。

（3）管理者对员工做出评估。

（4）管理者主管向员工提出工作建议或意见。

（5）管理者提出对员工的要求或期望。

（6）讨论可以从管理者那里得到的支持和指导。

（7）讨论员工工作现状及存在的问题，如工作量、工作动力、与同事合作、工作环境、工作方法。

（8）在分析工作优缺点的基础上提出改进建议或解决办法。

（9）管理者阐述本部门中短期目标及做法。

（10）员工阐述自己的工作目标，双方努力把个人目标和本部门目标结合起来。

（11）共同讨论并确定下个绩效期的工作计划和目标，以及为达到此目标应采取的相应措施。

（二）绩效面谈的步骤与要求

绩效面谈的步骤如表 6–2 所示。

表 6-2 绩效面谈的步骤

步骤	要求	注意事项	备注
开场	需要创造和寻求舒适的、开放的气氛，使被面谈者心情放松，保障自由轻松的交流。实例：根据公司的绩效管理办法，在充分了解你上期工作成果的基础上，对你在考核期的工作绩效做评估，通过本次面谈将达到两个目的，一是与你沟通上期考核得分，二是针对你上一期的工作表现，上下共同寻找绩效改进的计划和步骤，我们开始吧	预先安排，因人而异，在整个面谈过程中需要把握面谈的氛围	难点：切入主题的技巧 要点：严肃地陈述公司政策，明确说明面谈的目的
员工自评	需要创造和寻求舒适的、开放的气氛，使被面谈者心情放松，保障自由轻松的交流	预先安排，因人而异，在整个面谈过程中需要把握面谈的氛围	难点：切入主题的技巧 要点：区分员工类型是成熟型、忽冷忽热型、迷茫型或赖皮型等
上级评价	业绩评价：指出成绩和不足； 能力评价：指出优势和劣势。告知下属评估结果，恳切、坦白、不回避地告诉员工您针对改善点（优秀点）真实的“看法”	根据事先设定的目标衡量标准进行评价；成绩和不足方面要呈现事实依据；先说成绩再说不足	难点：评价的技巧＆肢体表达的技巧 要点：简明扼要、准确清晰不模棱两可、定性和定量并重、不要过多地解释和说明、利用设定的目标和绩效标准评价

续表

步骤	要求	注意事项	备注
商讨下属不同意的方面	探讨问题产生的原因；记录员工不同意见并及时反馈	从有共识的地方开始谈起，注意不要形成对峙的局面	核心：着重探讨解决问题的方式方法
制订改进计划	探讨问题产生的原因；记录员工不同意见并及时反馈。 要有记录：如果上月绩效不好的，针对扣分项目和主管认为需要改善的地方，重点做好绩效改进计划；如果绩效很好的话，记录重点为发展计划。记录内容包括具体时间、责任、跟进方式和周期（如果有）	从有共识的地方开始谈起，注意不要形成对峙的局面；关注绩效标准及相关绩效事实	技巧：实操、SMART、目标管理、过程控制 要点：具体明确的步骤及完成时间和改进的承诺，全部要记录下来，表示双方的重视
讨论所需支持及员工发展计划	讨论所需要资源和支持；员工谈自己的职业规划或培训需求，以及管理的建议；上级给予发展的建议	不要给予不切实际的承诺；承诺的事情一定要兑现	
共同决定下次再沟通的时间及内容	确认下阶段的工作目标，阶段成果，目标达成时限，例如："内部流程优化目标卡"，我这里安排考核期内两次跟进，一个是一周你把修订的计划邮件给我，另外一个按照目标卡设定，我期望你在4月25前完成一次培训，这个很关键，到时候你做培训时候提前告诉我，原则上没有冲突的话，我将会列席参加培训	注意目标的可衡量性和可行性	分享：目标管理、SWOT 要点：及时跟进，不一定要等到考核周期到后才跟进，中间也应跟进
确认评估结果	整理面谈记录并备案；双方签字确认；再次肯定员工之贡献，以正面之动机，重申你对他改进之信心	给员工鼓励并表达谢意	分享：结束的技巧与面谈效果评估的技巧

（三）绩效面谈的策略

主管应针对不同类型的员工选择不同的面谈策略。一般可以依据工作业绩和工作态度分为以下四种类型（见表6–3）。

表 6-3　绩效面谈的策略

员工类型	特征	面谈策略
贡献型（工作业绩好 + 工作态度好）	贡献型员工是创造良好团队业绩的主力军，是最需要维护和保留的	在了解企业激励政策的前提下予以奖励，提出更高的目标和要求
冲锋型（好的工作业绩 + 差的工作态度）	冲锋型下属不足之处在于工作忽冷忽热，态度时好时坏	沟通，通过良好的沟通建立信任，了解原因，改善其工作态度；辅导，通过日常工作中的辅导改善工作态度，不要将问题都留到下一次绩效面谈
安分型（差的工作业绩 + 好的工作态度）	安分型下属工作态度不错，工作兢兢业业、认认真真，对上司、公司有很高的认同度，可是工作业绩就是上不去	以制订明确的、严格的绩效改进计划作为绩效面谈的重点；严格按照绩效考核办法予以考核，不能因为态度好代替工作业绩不好，更不能用工作态度掩盖工作业绩
堕落型（工作业绩差 + 工作态度差）	堕落型员工会想尽一切办法来替自己辩解，或找外部因素，或自觉承认工作没做好	重申工作目标，澄清员工对工作成果的看法

（四）面谈过程中的一些问题处理

1. 有争议

有争议是正常的，有争议时候注意以下几点。

（1）首先从看法相同之处（分歧点不大的地方）开始。

（2）不要与下属辩论，应该抛出一些事实以及依据如“内部流程优化目标卡没有完成扣分，目标卡里面本月 2 个工作内容，××，×× 应该是在上月 25 日前完成的，但是到今天已经 4 月 5 日，离应完成日期又过了 10 天了，没有完成，而且期间你也没有针对这个问题有何困难来与我沟通，所以说这个是没有理由的”。

（3）避免用极端化的字眼以免火上加油，如：你总是、你从来、你经常等，身为领导，必须就事论事，最好的沟通方式是：对事要冷酷（因为要求绩效的提升），但别忘了对人要温暖、给予下属支持，也是领导该扮演的角色。

2. 员工不信守承诺

必要时，可以适度提醒员工，如他不信守改进承诺，你可能采取相应行动。针对如赖皮型和忽冷忽热型员工，针对达成意见主管可以告知后果。

“内部流程优化目标卡”没有完成，期望这次再接再厉马上完成，期间如有问题，立刻与我沟通，如果下期还是没有完成的话，那么 7 月份公司对于员工评级时，你的评级结果和人事考评纪录一定会受到影响的。

第二节
面谈的结果——绩效改进计划

在绩效面谈中，双方在分析绩效结果引发的原因时，对于达成的共识应当及时记录下来，同时也对下阶段的绩效重点和目标进行计划，这就使整个绩效管理的过程形成一个不断提高的循环。

一、何谓员工绩效改进计划

员工绩效改进计划是指根据员工有待发展提高方面所制订的一些有关工作能力和工作绩效提高的系统计划。员工绩效改进计划通常是在主管的帮助下，由员工自己来制订，并与主管共同讨论，就员工当前水平、工作成果和存在的问题、工作改进计划、绩效目标要求和具体实施方法等内容达成一致。员工绩效改进计划的核心是绩效提高，所以员工绩效改进计划一般没有持续性，即一个员工经过两或三个周期的绩效改进计划仍没有工作进展或工作进展无法满足工作绩效要求，则企业一般会考虑轮岗或更换员工。这也是主管帮助员工制订绩效改进计划和规划职业生涯两项工作的不同。

二、绩效改进计划的内容

绩效改进计划通常包括以下几个方面的内容。

(一) 有待发展的项目

有待发展的项目通常是指在工作能力、方法、习惯等方面有待提高的地方。这些有待发展项目可能是现在水平不足的项目，也可能是现在水平尚可但工作需要更高水平的项目，这些项目应该是通过努力可以改进和提高的。一般来说，在绩效改进计划中应选择一个最为迫切需要提高的项目，因为一个人需要提高的项目可能有很多,但不可能在短短的半年或一年时间内完全得到改进,所以应该有所选择。而且，人的精力是有限的，也只能对有限的一些内容进行改进和提高。

(二) 发展这些项目的原因

任何企业都不是随便就把某些项目列入绩效改进计划中去的。通常这些被选项目是员工能力的薄弱点，也是迫切需要改进的地方。

（三）目前的水平和期望达到的水平

绩效改进计划应该有明确、清晰的目标，因此，在制订绩效改进计划时，要指出需要提高的项目目前的表现水平以及期望达到的水平。

（四）发展这些项目的方式

通常可以采取培训、自我学习、他人帮助等方式来改进这些待发展的项目，使之从目前的水平提高到期望的水平。当然，对一个项目进行发展并不是只能采取一种方式，也可以同时采取多种方式。

（五）设定达到目标的期限

企业制订绩效改进计划时，还应该设定达到预期目标的时间界限，这样可以一步步推进员工的发展。

三、绩效改进计划制订的步骤

绩效改进计划一般按照以下程序进行制订。

（一）寻找绩效差距

绩效差距的表象是员工绩效水平无法达到企业的要求，其深层次的原因为存在着某种因素使得员工无法按要求完成绩效。寻找绩效差距可以根据工作要求和员工实际工作结果对比确定。例如，某员工工作要求为每月 6 号上交报表，实际绩效为每月最早 8 日才可以上交报表。绩效差距为：报表上交无法按时完成，延后时间大于 2 日。

（二）分析产生绩效差距的原因

员工绩效无法达到要求，应该从员工、主管及环境三方面寻找原因，如图 6-2 所示。

员工角度	主管角度	环境角度
（1）不知如何做 （2）不知如何做好 （3）不知什么最重要 （4）不知做成什么样 （5）不想做 （6）还有其他事情要做 （7）做了也没什么用等	（1）不知做了有什么用 （2）不知如何帮助员工 （3）没有帮助过员工 （4）未肯定员工的成绩 （5）未提醒员工的过失等	（1）数据无法准时提供 （2）报表汇总周期过短 （3）数据提供准确性差引起校验期较长等

图 6-2　产生绩效差距的原因

（三）选取待改进项目

并不是所有的绩效差距都要纳入员工绩效改进计划之中。一般来说，通过员工努力确定可以达到绩效改进的工作才会纳入到绩效改进计划之中，也就是因为员工因素造成的或者虽不是员工造成，但通过员工改变工作方法可以改进的工作内容才会纳入绩效改进计划中。

在已确定有改进项目的需要后，第一步就是要找出问题所在：为何绩效未达到可以达到且应达到的水准？选取待改进项目的工作经由管理人员和员工合力来完成，选取时应先考虑图 6-3 所列的几个因素。

1 管理人员的想法是正确的吗？也许员工自己就能改进一项出现问题的工作的缺点；也许管理人员想改进的项目却早已是员工的优点

2 员工认为该从何处着手？这一项因素可激发员工改进的动机，因为员工通常不会选取从他根本不想改进的地方着手

3 哪一方面的改进较有成效？立竿见影的经验总使人较有成就感，也有助于再继续其他方面的改进

4 对所花的时间、精力和金钱而言，哪一方面的改进最合算？这是一项客观的决策，只需根据事实与逻辑观念考虑即可

图 6-3　选取待改进项目应考虑的因素

（四）找出可能的方法

绩效改进的方法应该由主管和员工一同完成，可采用头脑风暴、重新梳理流程等方法，也可提出如下若干可能的方法。

（1）参加管理人员会议。

（2）工作轮调。

（3）与企业里的专家研讨。

（4）研读手册和程序说明。

（5）参加技术部门的研修活动。

（6）暂时派至其他部门。

（五）制订改进计划

首先要确定改进目标。目标的选取应该由主管和员工共同完成，以员工为中心，主管要提出明确要求；其次，要对可能的方法进行筛选，选取双方认可的方法，方法一旦确定，主管要确保给予员工足够的资源支持；第三，要把改进计划分解为若干步

骤，并明确每一步骤的时间和工作效果要求；最后，形成一份书面的绩效改进计划。

一个有效的绩效改进计划应满足下列四点要求（见图 6-4）。

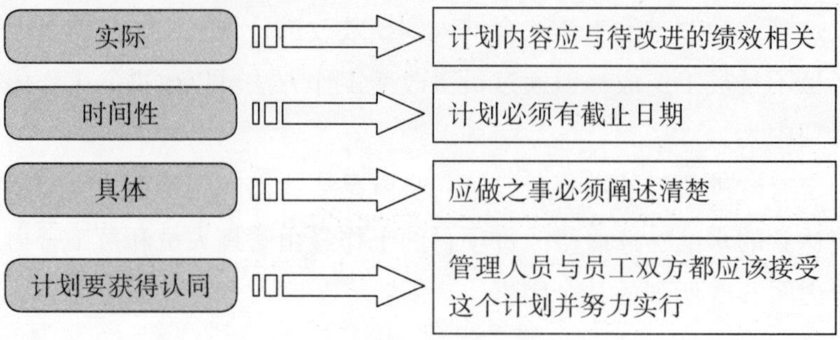

图 6-4　绩效改进计划的四项要求

（六）绩效改进的实施、检查

绩效改进计划一旦制订，主管和员工应该共同确保计划的实施，员工应该按计划认真完成每项工作，并做好记录，主管则应给予员工适当的支持，并定时检查计划执行，发现问题时及时与员工调整计划。

1. 管理人员

管理人员在计划实施时应注意以下事项。

（1）确定员工了解此项计划。

（2）若环境变动，计划需改变时应与员工洽商，并将改变部分写在原计划上。

（3）定期提醒员工，以使其能依计划进行并避免因遗忘而使计划失败。

（4）继续不断地促使计划完成，管理人员需经常提醒员工。

（5）若计划有部分未按进度达成，应予纠正。

2. 员工

员工在遇到妨碍计划完成的事情发生时，应立即反映让管理人员知道。当计划变得不切合实际时，应予以修正。假设有任何事情发生使计划变得不可能或不实际，员工应了解，并提醒管理人员。

小提示

一个计划只针对一个项目予以改进，这种做法确实能使工作的一部分获得改善。但何时展开第二项绩效改进计划，这得视实际情况而定。一般来说，当一个绩效改进计划全部或部分完成时，第二项改进计划应已确定好。当然，如果计划不是很复杂，管理人员及员工可以同时执行一个以上的计划。

范本

绩效改进计划书

指导说明：

绩效改进计划（Performance Improvement Plan，PIP）是一种工具。当员工表现不令人满意时，经理可以运用绩效改进计划工具考核员工的绩效表现。这个工具同时也为员工提供一个机会，旨在帮助员工提高不佳绩效表现。

当员工个人绩效评级为 C、D 或者经理感到员工表现不令人满意时，经理与员工将通过建立绩效改进计划来提高员工绩效表现。员工表现不令人满意有如下情况。

◆不能体现或达到海尔集团及该岗位所需知识和技能要求；

◆不能履行岗位职责；

◆经提醒没有显著改善，连续表现出令人不满意的绩效水平。

绩效改进计划时间间期最少为 30 天，最长为 90 天。如果员工不能提高到令人满意的水平，绩效改进计划的结果将直接导致员工与海尔雇佣关系的终止。

直线经理：

1. 同上层经理及其单位的 HRPartner 共同进行评审。

2. 与员工沟通，并对员工进行整体业绩评价，指出不满意领域并表明希望看到的预期成果。其中，技能提升计划要根据不满意点描述中所体现的技能弱点来制订。相关培训计划需要在评估间期以内。

3. 制定绩效改进计划期间的定期审查时间表。

4. 与上层经理和员工共同评审绩效改进计划的最终评估结果（如果需要，HRPartner 也需要参与其中）。

5. 用以下表格以文档形式记录下阶段性结果与最终评定结果，此表格需要员工、直线经理以及上层经理的签字确认。

员工：

1. 审查绩效改进执行计划表中第一二部分所列示的当前阶段绩效评估以及绩效改进执行计划。

2. 定期与直线经理进行沟通，签署并确认第三部分的阶段性审查记录。

3. 在绩效改进计划结束时，签署并确认表格第四部分所列示内容以及最终评估结果，表明已经知晓绩效改进计划的结果以及其所导致的一切行动。

员工信息

员工姓名：________　　员工号：________
上一季度 PBC 等级：________　　事业部：________
加入日期：________　　职位：________
工作地点：________　　直线经理：________

第一部分：当前阶段绩效评估

评估间期：________
不满意点描述（业绩不佳的具体说明）：
1.
2.
3.
4.

第二部分：绩效改进执行计划

绩效改进计划开始时间：________ 绩效改进计划结束时间：________
（提醒：绩效改进计划时间间期最少为 30 天，最长为 90 天）

列明预期需要达到的结果与具体时限，在此时限内该员工必须实现其所承诺达到的结果，以满足所需的绩效改进计划。

改善目标 / 任务	改善的期望结果	预期完成时间

技能提升计划：

1. 核心能力素质模型

标准要求描述参见《海尔员工核心能力素质模型辞典》，选择其中一至两点进行评估即可。

技能评估	教导 / 辅助 / 培训计划 * 相关培训计划需要在评估间期以内	时限

2. 序列共有知识与技能

标准要求描述参见《海尔集团专业能力辞典族群部分》，选择其中一至两点进行评估即可。

技能评估	教导 / 辅助 / 培训计划 * 相关培训计划需要在评估间期以内	时限

续表

3. 岗位知识技能

标准要求描述参见《海尔集团专业能力辞典族群部分》，选择其中一至两点进行评估即可。

技能评估	教导 / 辅助 / 培训计划 * 相关培训计划需要在评估间期以内	时限

4. 领导能力相关技能（只针对高级管理人员进行的评估）

标准要求描述参见《海尔集团领导力模型辞典》，选择其中一至两点进行评估即可。

技能评估	教导 / 辅助 / 培训计划 * 相关培训计划需要在评估间期以内	时限

第三部分：阶段性审查

与员工制定定期审查的时间，以监测记录既定目标的实现状况。

预期改善目标 / 任务	取得的改善成果	审查时间	直线经理签字	员工签字
	进行中：； 符合期望要求：； 未达到期望要求：；			
	进行中：； 符合期望要求：； 未达到期望要求：；			

第四部分：绩效改进计划的最终结果

直线经理关于绩效改进计划最终结果的点评：

_______ 员工已经达到了改进计划的要求，并认识到必须一直保持令人满意的绩效贡献。如果这个水平不能维持下去，员工将不会再次进行绩效改进计划，而可能会从岗位上淘汰。

________ 员工没有达到改进计划的要求，将会采取以下行动：

□离职

□降级

□内部调动到其他部门：________________________________

（新单位名称 / 岗位名称 / 调动时间）

续表

第五部分：签字认可（我确认已进行过以上评估）
被评估人签字： 员工：__________　　　　__________ （打印体）　　　　（签字）/ 日期 评估人签字： 直线经理：__________　　　　__________ （打印体）　　　　（签字）/ 日期 审核人签字： 上层经理：__________　　　　__________ （打印体）　　　　（签字）/ 日期 * 单位负责人：__________　　　　__________ （打印体）　　　　（签字）/ 日期
注： * 直线经理将记录当前绩效评估、绩效改进计划及最终评估结果，并将其提供给人力资源部作为后续流程的支持文档。

第七章

绩效结果应用与申诉处理

章前概述

绩效管理的最后一环就是绩效结果的应用，绩效评估的应用范围很广，它的结果可以供管理人员为人力资源管理的决策提供信息，还可以用于员工个人在绩效改进、职业生涯发展方面的借鉴。另一项工作就是要处理好员工申诉的问题，以保证绩效的公平性。

思维导图

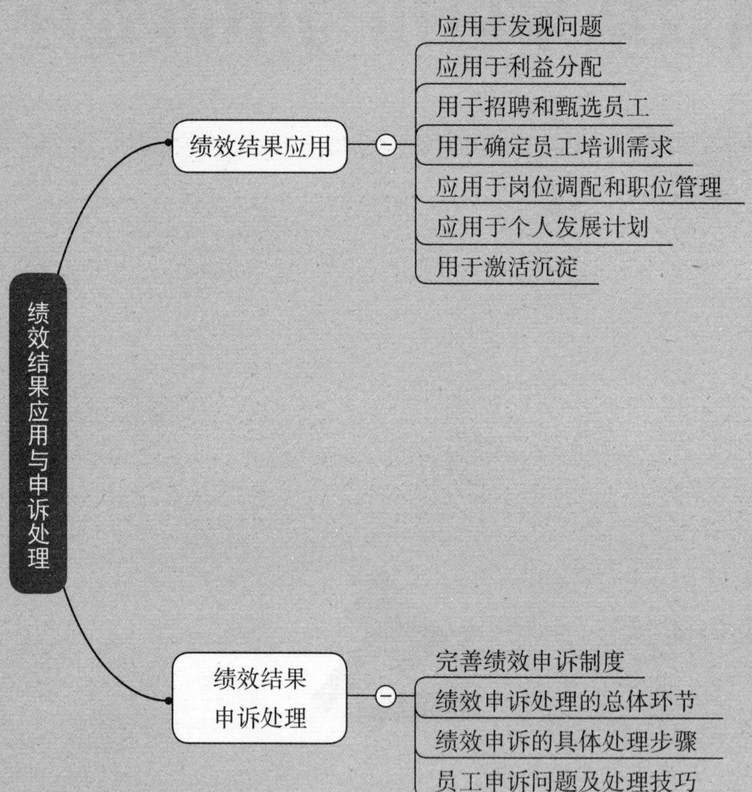

第一节
绩效结果应用

绩效结果运用是指通过对绩效优异者的奖励和绩效较差者的惩罚，鼓励企业内部的正确行为、激励企业员工为达到企业目标而共同努力；同时，对企业内部运作中出现的问题进行指导和纠正，以达到企业的整体进步。绩效结果的运用虽是对过去的绩效进行奖惩，但更强调将来绩效的进一步提高。这一次阻碍绩效的因素，会成为下一绩效管理周期的绩效目标与计划。这时绩效管理又回到了起点。

一、应用于发现问题

企业绩效考评最根本的目标是改进绩效，而想要实现绩效改进，首先就得明确改什么，也即明确问题。只有明确了问题是什么，才能通过对问题的处理，最终实现绩效的改进。而对于绩效考评结果的应用，首当其冲的自然就是发现问题。

企业通过设立科学合理的绩效考评体系，运用公平公正的考评方法，确保绩效考评结果的公平合理。再针对绩效考评结果中有待改进的地方，进行深入反思检讨，发现企业和个人的可以改善的问题。这些问题主要是内部原因，且可以通过制度的改变，或者人员培训等方式进行改善。

在针对绩效结果应用中的发现问题环节，要做好与员工的绩效沟通。其实，这也给了员工定期与上级进行沟通，帮助主管与员工之间建立良好绩效伙伴关系的机会。通过沟通，实现现代绩效考核强调的双向性。

企业绩效问题可以通过对企业环境、企业制度等方面的完善和改进，提升企业的整体绩效。而对于员工绩效问题，根据绩效考评结果，鉴别是员工能力不足还是态度不端正，实施分别的措施。针对能力不足，通过绩效辅导和针对性的培训，改善知识，改善技能，帮助员工积攒经验，进而达到提高员工的能力，从而最终改善绩效。针对态度不端正，通过更多的激励、惩罚措施，改变员工的态度，最终改善绩效。

二、应用于利益分配

利益分配主要包括：薪酬调整、奖金确定、精神鼓励。

把绩效考评结果同岗位调整、职位管理和薪酬挂钩，实则是让员工重视绩效考评，使得绩效考评的结果真正能引导员工的行为。许多企业绩效考核工作流于形式，员工积极性不高，甚至对绩效考评产生抵触情绪也是因为绩效考核结果没有与薪酬、晋升和培训相挂钩的原因。

其实，企业除了基本工资以外，还有奖金和业绩工资等。奖金一般与人员的日常表现和对企业的贡献相关；而业绩工资则是直接与员工个人业绩相关的。这都是绩效考核结果的普遍用途。它是为了增强薪酬的激励效果，将员工薪酬体系中的部分与绩效挂钩，薪资的调整也往往由绩效成果来决定。从而，真正让员工重视自己的绩效，避免了在许多企业中绩效考评的如下状况：考核仅仅是人事部门的例行工作罢了，与其他人事工作也没有必要联系。更与企业经济效益和发展不沾边。在这种状况下，管理者容易在考核工作中违背本应遵循的原则甚至错误地执行考核结果；员工则会惧怕、逃避和拒绝考核。从而给企业带来不应有的管理矛盾，最终会影响到企业的士气和战略。

三、用于招聘和甄选员工

（一）用于招聘决策

通过分析员工的绩效评估结果，人力资源管理人员对企业各个岗位的优秀人才所应该具备的优秀品质与绩效特征，会有更深的理解，这会为招聘过程的甄选环节提供十分有益的参考。例如，通过对企业优秀基层管理人员绩效特征的分析，如果这些特征主要是“能吃苦”“有一定的管理能力”“有良好的人际能力”等，那么，在以后招聘基层管理人员时，甄选的标准就会进行针对性的调整或改进，以便更好地满足企业绩效提升的需要。

通过分析员工的绩效评估结果，如果发现员工在工作能力或态度上存在欠缺，而又无法通过及时而有效的培训得到解决，人力资源部就要考虑制订或改进相应的招聘计划，注重招聘工作能力强、态度端正的人才，以满足提升工作绩效的实际需要。

（二）用于新员工的转正、定级

对于新入职的员工，为了避免招聘面试环节的识人风险，企业往往也会有在岗测试制度。对新员工在岗测试期间的表现同样会进行绩效考评，主要考察其绩效、能力和态度。在新员工在岗测试期结束之后，其绩效考评结果往往作为新员工转正、定级等的依据，也是主管了解新员工特长、能力等的主要依据材料。

（三）衡量招聘和甄选的有效性

企业会有很多招聘活动，不断有新人来应聘，那么招来这些人，到底合算不合算？我们举一个简单的例子。

某公司销售部就是罗 ×× 和杨 ×× 两个人，罗 ×× 一年的总收入是 21 万，他一年能为企业创造 200 万的利润。杨 ×× 一年的总收入是 14 万，他一年可以为企业创造 150 万的利润。这两个人如果只能留一个，你会选择谁呢？从单位工资所创造的利润来看，用杨 ×× 要比罗 ×× 更合算，只要用 1.33 个杨 ×× 花 18.62 万就能创造 200 万的利润。有了这个计算结果，对罗 ×× 就有两选择，要不将工资降到 18.62 万，要不令其将创造的利润提高到 225 万。简单来讲，这两个数据在企业中随时可以拿到，一个是已支付他的报酬，一个是他已创造的效益，通过这两个数据一比，你就可以得到结论。如果你要是看绝对值，那罗 ×× 比杨 ×× 好，如果你要看相对值，杨 ×× 就比罗 ×× 好，有了这样的比较结果，就可以帮你作出选择，到底留罗 ×× 还是留杨 ××。

四、用于确定员工培训需求

在员工培训上，绩效考评的结果可以用于发掘员工培训需求，作为培训开发有效性的判断依据。

现在的企业越来越重视培训，也越来越愿意在培训上下功夫，很多著名的企业都有这种培训理念。松下幸之助曾说，培训很贵，但不培训更贵。意思就是说，表面上看培训是花了很多钱，但是如果你不培训，所支付的成本可能会更大。

企业重视培训，是一个大的趋势，而且这对企业竞争优势的提高具有非常好的战略意义。当然培训也不一定是越多越好，因为它是一把双刃剑，盲目地做很多培训，对员工的能力提升没有什么帮助，对于企业的发展也没有促进作用。那么，企业到底应该对员工进行哪些培训呢？这时就可以通过分析绩效考评结果来寻找得到。也就是说通过考核，找到员工现有的能力表现和企业所要求的能力表现之间的差距，差什么补什么，知识不足的补知识，能力不足的去提高能力，经验不足的去积累经验。到此，可以确定并开发出员工真正需要的，员工培训后可以给企业带来积极影响的培训课程。

基于绩效评估的培训决策流程如图 7–1 所示。

上图中的模型提供了运用绩效评估结果确定培训需求的具体思路与过程。在对绩效评估结果分析的基础上，要找出绩效差距的问题与原因（属于知识不足、能力欠缺、还是态度方面需要转变），进而拟订出针对性的员工培训内容与方案。

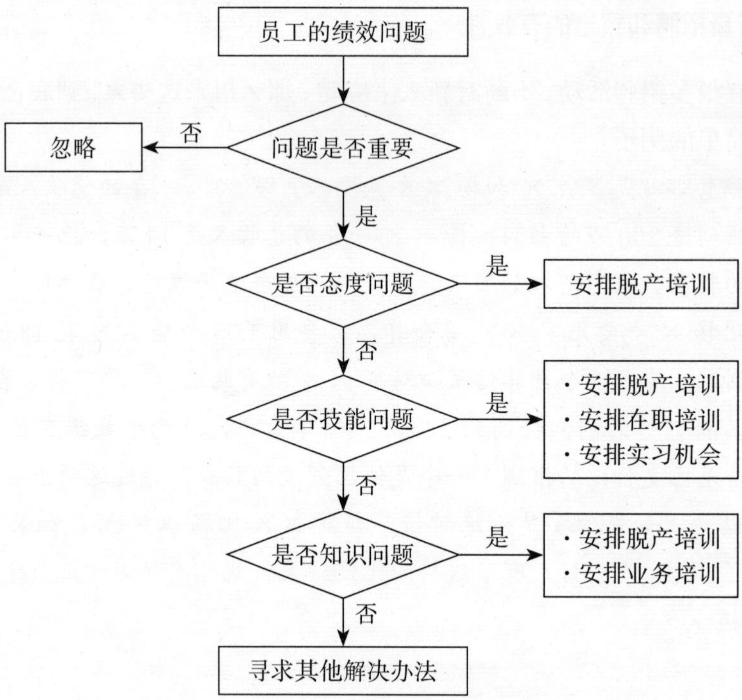

图 7-1　基于绩效评估的培训决策过程

五、应用于岗位调配和职位管理

依据绩效评估的结果决定岗位调配和职位变动，对于人力资源相宜、事人相称目标的达成，具有举足轻重的作用。通过绩效管理活动，可以掌握员工各种相关的工作信息，如劳动态度、岗位适合度、工作成就、知识和技能的运用程度等。根据这些信息，企业更易于正确地做出人力资源决策，有效地组织员工提升、晋级、降职、降级等岗位调配和职位管理工作。

（一）岗位调配

岗位调配主要针对绩效考评结果不良的员工，且绩效考评不良的原因是人岗不匹配。许多企业都有末尾淘汰制，但是业绩不好员工很可能不是能力不行，也有可能是与岗位不匹配。企业招聘和培养一个员工是非常不容易的，这部分的成本也很高，因此对于绩效差的员工，企业应设置缓冲期，对末位员工进行再培训，之后再到企业内部劳动力市场上竞争上岗，调整到合适的岗位工作，如果竞争不到合适岗位，才终止劳动关系，这样既不违法，也可以引入竞争机制，节约企业成本，促进企业发展。

（二）职位管理

职位管理包括培训计划、职位调整、职等调整等，主要是针对绩效特别好的员工。

因为这部分员工的绩效考评结果出众，相信其可以承担更重大的责任，并作为核心员工来培养和激励。通过给予其职业发展晋升的机会，一方面留住员工，另一方面也是建设企业的人才梯队。

六、应用于个人发展计划

个人发展计划（Individual Development Plan，IDP）是指员工在一定时期内完成的有关工作绩效和工作能力改进与提高的系统计划。它是一种直接从绩效评估延伸出来的实际且有效的由一系列表格组成的绩效改进计划，可以包括参加培训、特别指导、指派特别项目、岗位轮换等。

（一）个人发展计划的目的

（1）帮助员工在现有工作上改进绩效。

（2）帮助员工发挥潜力，使其在经过一系列学习之后能有升迁的可能，其重点仍是改进现有工作绩效。

（二）个人发展计划的内容

（1）有待提升的项目。

（2）提升这些项目的原因。

（3）目前水平和期望达到的水平。

（4）提升这些项目的方式。

（5）设定达到目标的期限。

（三）制订个人发展计划的步骤

制订个人发展计划的步骤如图 7-2 所示。

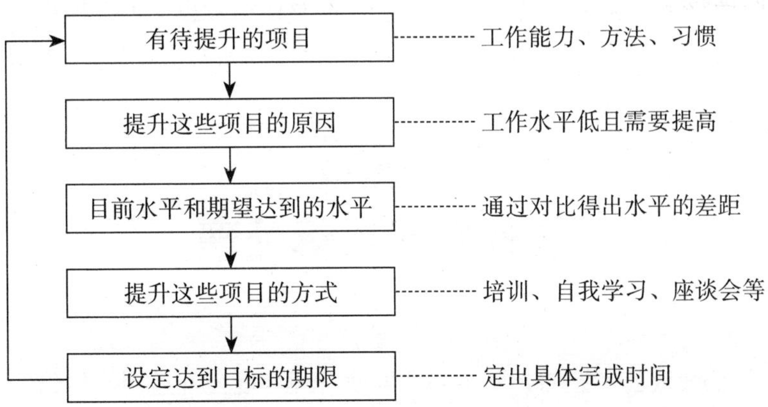

图 7-2　制订个人发展计划的步骤

（四）制订个人发展计划的过程

（1）管理者与员工进行绩效评估沟通。在管理者的帮助下，员工会很快认识到自己在工作当中哪些方面做得好，哪些方面做得不够好，认识到目前存在的绩效差距。

（2）管理者与员工共同就员工绩效方面存在的差距分析原因，找出员工在工作能力、方法或工作习惯方面有待提升的方面。

（3）管理者与员工根据未来的工作目标的要求，选取员工目前存在的工作能力、方法或工作习惯方面有待提升的项目中最为迫切需要提升的项目作为个人发展项目。

（4）双方共同制定改进这些工作能力、方法、习惯的具体行动方案，制定个人发展项目的期望水平和目标实现期限以及改进的方式。必要时确定实施过程中的检查核实计划，以便分步骤地达到目标。

（5）列出提升个人发展项目所需的资源，并指出哪些资源需要哪些人员提供义不容辞的帮助。

七、用于激活沉淀

绩效考核结果持续不佳的员工，逐渐会成为企业的沉淀层，如果不能被激活，将成为企业提升整体绩效的障碍，终会被企业所淘汰。要激活企业的沉淀层，企业需要通过建立与强化竞争机制，增加该部分员工的压力，迫使其强化改进绩效的意识，提升改进绩效的能力。与此同时，企业要向员工提供知识、态度或能力方面的专项训练机会，帮助员工改进绩效。经过培训仍不能胜任工作的员工，最终会被企业推到外部劳动力市场。

企业在这样一个激活沉淀的过程中所获得的益处有二。

一方面，对员工绩效与能力的激活，可以为提高企业整体绩效奠定基础；另一方面，如果表现不好的员工的绩效不能得到很好的改善，企业可以采取诸如淘汰等一系列措施，分流那些削弱企业绩效的员工，企业的整体绩效也会大大提高。

第二节 绩效结果申诉处理

申诉是保证绩效公平性的必要机制。即使管理环境公开透明，但仍然不能保证没有不公平的情况，所以绩效申诉有其存在的必要性。

一、完善绩效申诉制度

员工绩效申诉制度的主要作用在于处理员工绩效考核过程的不满，其范围一般限于与工作绩效有关的问题。

企业内部申诉制度的建立，是为了化解员工的不满情绪，改善组织内部的管理体制。除了非正式的申诉处理制度（如当事人之间的私下沟通），组织应建立一个明确的申诉制度，给员工提供公开、合法的申诉渠道。一般而言，制定内部申诉制度要注意以下事项。

（一）员工绩效申诉规则的制度化

员工绩效申诉制度和程序必须明确加以说明和公开明示，这对保护员工的合法权益具有重要作用。值得注意的是，企业在制定员工绩效申诉制度过程中，应仔细听取员工意见，不能单方面自行制定，否则将难以被员工接受和遵守。

（二）员工绩效申诉机构的正式化

企业员工绩效申诉机构应力求正式化。建立正式的员工绩效申诉机构，不仅能确保申诉渠道的畅通，而且使管理者能够通过正式渠道了解员工的工作状况和心理反应。非正式化的申诉运作除了会使企业处理申诉问题不方便之外，还容易产生直属主管刻意隐瞒事实的弊端。

（三）员工绩效申诉范围的明确化

明确界定员工绩效申诉的范围，可以准确判断申诉事件是否成立，以及是否值得进一步加以调查；同时也可以使组织和员工了解员工绩效申诉的问题所在，从而使员工绩效申诉制度运作方向更加明确。对员工绩效申诉问题加以分类，不仅可以及时有效平息员工的不满，而且可以发现组织绩效管理制度存在的不合理之处，不断提高组织的绩效管理水平、工作效率、竞争能力。

（四）员工绩效申诉程序的制度化

虽然员工绩效申诉制度的设计和运作受到组织规模大小的影响，但一个合理的申诉程序应具备以下特征。

（1）员工有机会表达其意见。

（2）企业有接受意见并处理的机构或执行者。

（3）申诉处理按照正式的渠道和程序进行。

（4）问题处理后必须能反馈给申诉者，明示申诉处理过程及结果。

（5）企业应定期整理并公布申诉处理的事件及问题特征，让员工了解申诉的重点及处理情况。

范本

某公司绩效申诉管理办法

1. 目的及适用范围

1.1 目的

为规范公司绩效申诉工作，真正体现绩效考核的透明度和绩效应用的有效性，促进公司绩效管理工作的顺利开展，特制定本办法。

1.2 适用范围

本办法适用于公司及所属分公司各部门绩效申诉管理工作。

2. 参考文件

无

3. 术语

绩效申诉：指部门和员工对上期绩效结果存在异议，向上级主管提出修正绩效结果的需求，通过核查并经上级主管审批后，由人力资源部进行绩效结果修改备案的过程。

4. 职责

4.1 公司总经理

4.1.1 负责公司绩效申诉管理工作的指导与监控。

4.1.2 负责公司部门、员工绩效申诉的最终仲裁。

4.2 分管副总

4.2.1 负责分管部门绩效申诉管理工作的指导与监控。

4.2.2 负责分管部门绩效申诉的核实和审批。

4.2.3 指导分管部门配合人力资源部进行绩效申诉调查。

4.3 部门负责人

4.3.1 负责本部门绩效申诉工作的受理、审核。

4.3.2 负责部门绩效申诉的申请。

4.3.3 协助人力资源部绩效管理人员进行绩效申诉的调查。

4.4 人力资源部

4.4.1 负责对公司各部门绩效申诉工作提供咨询和指导。

4.4.2 负责优化与完善公司现有的绩效申诉流程和制度。

4.4.3 负责协调绩效申诉的调查，保证申诉规范、有理有据。

4.4.4 负责部门、员工的绩效申诉结果的跟进和修正。

4.4.5 及时纠正因绩效统计错误产生的工资差异。

5. 工作程序

5.1 绩效申诉的条件

在当期绩效考评过程中，部门负责人或员工如认为受到不公平评价或对考核结果不满意，有权在考评结束 5 日内向其直接主管进行申诉。

5.2 绩效申诉的流程

5.2.1 提出申诉。

（1）部门负责人在得知部门绩效结果后，如对考核结果有异议的，可在 2 个工作日内向绩效考评委员会提出申诉，并向人力资源部索取员工绩效申诉表。

（2）员工在得知个人绩效结果后，如对考核结果有异议的，可在 5 个工作日内向直接主管提出申诉，填写员工绩效申诉表。

5.2.2 申诉受理。

（1）部门向考评委员会进行申诉报告，评审委员会可提出相关问题，核实申诉内容是否属实。如能当场确定处理结果，由申诉部门填写员工绩效申诉表，经分管副总、总经理审批签字后方可生效；如不能当时解决，可在 2 个工作日内向分管副总进行申诉，陈述相关情况，经分管副总核实、审核，由总经理最终确认。

（2）员工得知考核结果 5 个工作日内，如有疑义可先向部门兼职绩效管理员寻求解释，如确实存在统计错误的由双方填写员工绩效申诉表交部门负责人审核签字方可生效。如不是统计原因或兼职绩效管理员无法解释的，当事人可直接向部门负责人申诉，要求予以处理，部门负责人会同相关考核责任人进行调查核实、给予解释说明。

（3）超过绩效申诉期限的将不予受理。

5.2.3 处理结果。

绩效考评委员会、分管副总、各部门负责人必须在申诉处理完成后 2 日内将处理结果反馈给申诉当事人，并将双方签字确认的《员工绩效申诉表》提交至人力资源部备案，由人力资源部在下期工资核算时进行补扣。

5.3 绩效申诉考核

部门员工对绩效结果有异议，但部门负责人不积极受理解决，最后申诉至人力资源部，导致修改绩效结果的，扣 5 分 / 个，直接在绩效面谈得分总分中扣减，详见绩效面谈评分细则。

范本

某集团企业绩效申诉流程规范

1. 绩效申诉处理流程

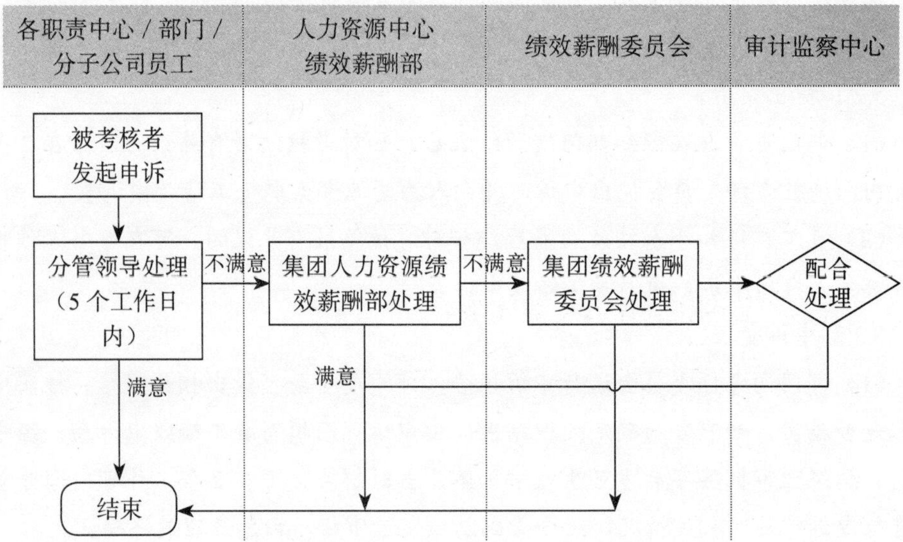

2. 流程描述

序号	日期	任务说明	责任人
1	2个工作日内	被考评人在得知考评结果2个工作日内向部门（分子公司）分管领导申诉，由被考评人所在部门的分管领导进行处理	各职能中心/部门/分子公司员工
2	5个工作日内	分管领导需在5个工作日内完成处理并反馈	各职能中心/部门/分子公司分管领导
3	5个工作日内	被考评人对分管领导处理结果不满意，可向集团绩效主管反馈，集团绩效主管需协同审计监察中心人员，在5个工作日内完成处理	人力资源中心绩效薪酬部
4	5个工作日内	被考评人对集团绩效主管处理结果不满意，由集团绩效主管向集团薪酬绩效薪酬委员会反馈，集团薪酬绩效薪酬委员会可根据具体情况会审或委托专人进行处理，在5个工作日内完成处理	绩效薪酬委员会

续表

序号	日期	任务说明	责任人
5		集团绩效薪酬委员会的处理结果为最终结果，并将处理结果在审计监察中心备案	绩效薪酬委员会
6		审计监察中心接到人力资源中心提请的配合处理申请后，协同人力资源中心共同针对绩效申诉进行处理，处理过程中起到监督、沟通、协助决断等责任	审计监察中心
7	1个工作日内	审计监察中心接到绩效申诉，1个工作日内告知并移交人力资源中心共同处理	审计监察中心

二、绩效申诉处理的总体环节

绩效申诉处理包括三个大环节：初次申诉处理、二次申诉处理、申诉材料归档。

（一）初次申诉处理

被考评者如对绩效考评结果存有异议，应首先通过与直接上级沟通的方式谋求解决。如解决不了，员工有权在得知考评结果后一定期限内向人力资源部提出申诉，填写绩效申诉表，超过期限则不予受理。人力资源部在接到员工的申诉后，需在一定期限内做出答复。人力资源部经理根据了解到的实际情况和公司制度，出具第三方解决意见并与考核人面谈解释原因，同时在员工申诉表上签署意见。如果员工的申诉成立，确需改正申诉者的绩效考评结果，人力资源部应当与被考评者的上级协商，报绩效管理委员会批准后，调整该被考评者的绩效考评结果。

（二）二次申诉处理

如果员工对首次处理意见不服，还有权在接到首次处理意见后的一定期限内向公司的绩效管理部门（通常是绩效管理委员会）再次进行申诉，超过期限则不予受理。绩效管理委员会在接到员工的申诉后，需在一定期限内作出裁决。如果绩效管理委员会认为员工的二次申诉成立，则由人力资源部按照绩效管理委员会的处理意见与被评价者的上级进行协商，调整其绩效评价结果。如果绩效管理委员会经调查核实认为考评结果不存在问题，则维持原评价结果，员工不得继续申诉。

（三）申诉材料归档

在绩效申诉处理完毕之后，由人力资源部负责归档，将员工申诉表、员工绩效申诉记录汇总表（见表 7–1）等都归入员工绩效考评档案中，作为绩效考评过程的记录。

表 7-1　员工绩效申诉记录汇总表

申诉日期	申诉人基本信息			申诉事件	申诉理由简述	申诉处理结果
	姓名	部门	岗位			

审批：　　　　　　　　　　　　审核：　　　　　　　　　　　　申请人：

三、绩效申诉的具体处理步骤

处理绩效申诉主要有以下三个步骤。

（一）受理问题

在这一阶段，负责申诉处理工作的人员要充分重视员工的申诉，以倾听员工心声为主，而不是在员工申诉期间解释或打断。负责人员而应详细地将申诉内容登记于绩效考核申诉表（见表 7–2 和表 7–3）上。告知员工问题处理的流程以及所需时间，让员工看到人力资源部处理问题的诚意。

表 7-2　基层员工绩效考核申诉表

申诉人		职位		直接上级	
部门		所属单位		申诉时间	
绩效考核申诉栏					
绩效考核申诉事件：					
绩效考核申诉理由：					

续表

主管处理意见： 签名：　　　　日期：
人力资源部处理意见： 签名：　　　　日期：
经理处理意见： 签名：　　　　日期：
申诉人签名：　　　　日期：
备注：经理处理意见为最终处理意见。 1. 申述人必须在知道考核结果 3 日内提出申述，否则无效。 2. 申述人直接将该表交人力资源部。 3. 本表一式三份，一份人力资源部存档，一份交申述人主管，一份交申述人

表 7-3　主管绩效考核申诉表

申诉人		职位		直接上级	
部门		所属单位		申诉时间	
绩效考核申诉栏					
绩效考核申诉事件：					
绩效考核申诉理由：					
经理处理意见： 签名：　　　　日期：					
人力资源部处理意见： 签名：　　　　日期：					

续表

总经理处理意见： 签名：　　　　日期：	
申诉人签名：	日期：
备注：总经理处理意见为最终处理意见。 1. 申述人必须在知道考核结果 3 日内提出申述，否则无效。 2. 申述人直接将该表交人力资源部。 3. 本表一式三份，一份人力资源部存档，一份交申述人经理，一份交申述人	

（二）分析问题

分析申诉问题时要有专人对申诉内容进行详细的调查，具体应找申诉员工的上级、同级、下级对申诉人做 360 度测评，并且从侧面了解该部门同岗位工作人员的绩效考核情况，以确认申诉问题产生的根源。明确根源是公司制度或流程出现疏漏，还是绩效考核指标或考核方法不合理；是员工内在原因，还是有外在特殊原因导致；是较稀有的个性案例，还是较普遍的共同问题；是可以避免的，还是不可避免的。

人力资源部整理出申诉分析文件后组织申诉人的部门经理、直接领导人及相关人员进行会议讨论，讨论这个申诉能不能够得到解决，如何解决，需要哪些资源及人员配合，是改良式地解决问题，还是爆破式地变革处理。

讨论会议结束后，人力资源部做出复核意见，审批通过处理意见。

（三）投诉意见反馈

在投诉意见反馈沟通过程中，作为人力资源部的工作人员，必须保持中立的态度，不掺杂任何个人情绪，对事不对人地告知申诉者出现问题的根本原因是什么，公司的处理方案是怎样的，需要的人力物力财力资源有哪些，需要申诉人配合的工作有哪些。

小提示

申诉问题处理不当，很可能给企业带来法律上的纠纷。因为绩效考核结果是绩效工资发放、人事任免、培训开发甚至年终奖金发放的重要依据，因此，在处理绩效考核申诉时，HR 应尽最大可能取得申诉人的共识，沟通结束后，请申诉人在申诉方案上签字，并做好备案，作为员工关系处理的证据。

四、员工申诉问题类别及对应处理技巧

在处理员工绩效申诉的过程中，坦诚与信任是解决问题的基础。在很多时候，员工看中的不是绩效结果给自身带来的利益，而是上级对他们的真实看法，是企业对他们自身价值的肯定和欣赏与否。因此，主管先建立双方真诚、信任的交流基础，再给出一个员工可以接受的说法，这比直接地告知员工处理结果更加重要。人力资源部在处理申诉问题时，应根据问题产生的不同原因，采取不同的处理方法。

（一）对考核制度或方式不认同

1. 问题的表现

部分员工对于绩效考核的制度或方式不认同。这方面的意见主要出现在考核制度变革的初期，制度层面的设计还在摸索或是员工对于考核本身理解有偏差导致的。

（1）有些员工对考核制度不满意，抵制考核，还是喜欢大锅饭的管理方式；

（2）有些员工对考核模式、方式、流程设计不满意，对于是用 360 度考核、平衡计分卡考核还是基于素质考核等理解不一致，对绝对考核还是相对考核理解不一致；

（3）有些员工对考核指标设置或者权重设置不满意，比如财务部为什么要背营收指标，采购部为什么要背质量指标等；

（4）有些员工对于评价主体和程序不满意，如“他又不了解我的工作，为什么要对我进行考核”“主管说了算就行了，上层组织为什么还要横向评议”。

2. 处理的方法

应该欢迎员工针对考核方式的申诉，这反映了不同人群对考核的理解程度和角度存在差异。对此的处理方式最主要的还是制度设计层面的沟通和解释，可以邀请相关部门一起，让员工能够参与进这方面的讨论，如果是设计上的问题，则更需要对制度、方式、流程进行调整，如果是理解上的偏差，则需要在更大的范围进行宣传和沟通。

（二）认为考核方案有问题

1. 问题的表现

这类问题主要出现在有一定利益关联性的部门或同部门员工之间，他们认为别人的考核指标设置不合理、计分方法有问题，考核目标应当提高等。简单地说，就是想通过更严格的考核，拉低对方的考核分数，希望自己能够超越他们，获得较高的评价等级。

2. 处理的方法

员工的这种攀比心理可以理解，有追求向上和较好的工作业绩的想法也值得表扬，但是他们的想法却不一定切符公司的要求。人力资源部需要对他们提出的意见进行客

观分析，组织绩效方案设计人员，向员工解释设置理由、事实依据、公司实情等，说明考核方案的科学性与准确性。如果申诉者能够提出十分充分的理由和依据，认为考核方案必须改进，则必须经过绩效委员会讨论后才可以修改方案，但这需要经过慎重思考与分析。

（三）对考核数据收集存在异议

1. 问题的表现

员工对自己的考核数据存在异议主要有几种情形。

（1）数据统计出错。

（2）收集时间不在考核周期内。

（3）数据收集未严格按照指标定义。

（4）未剔除重复计算数据。

（5）数据收集人没有按标准进行数据收集等。

2. 处理的方法

针对这些问题，绩效工作人员应坚持“立即处理”的原则，立即召开由申诉员工、数据收集者、人力资源绩效专员、绩效委员会成员以及相关部门人员参加的小范围会议，讲事实、说数据，如有失误，立即纠正，如有不明白或理解不正确的情况，则立即重新进行数据收集和统计。一般情况下，采取“立即处理”的原则，这些问题就能得到及时解决。但是，必须尊重事实，采取实事求是的态度，这样才能得到各方的理解和支持。

> **小提示**
>
> 即使是申诉员工本身理解不正确的情况，我们也要给予正确解释和耐心说服。

（四）被考核者参与过少

1. 问题的表现

这类申诉主要是因为被考核者没有参与到绩效考核中，对许多情况并不太了解，对考核的某些过程存在疑问。

2. 处理的方法

对此类申诉，人力资源部应让申诉者说出具体疑问，然后采用追踪法找到问题的根源，找到造成疑问的原因，然后就这个问题给予讲解。一般情况下，只要向员工详细说明绩效考核流程，员工就能够认同。如果员工希望今后能够更全面地参与到考核中来，人力资源部可以组织相关人员共同研讨参与方式，如果各方都认可，就可以按建议实施。

小提示

企业应该鼓励员工积极参与到考核中来，因为只有这样，绩效考核才能够发挥其效力，从而对员工产生积极向上的正面导向作用。

绩效考核涉及的内容比较广泛，有些问题员工不好意思当面提出，企业可以设置申诉邮箱或信箱，以便了解到员工对绩效考核的真实看法。对员工提出的意见和建议，合理的要改进，不合理的要解释。虽然需要花一些时间去核实和处理这些邮件和信件，但是员工是绩效考核的主体，他们的参与对绩效考核的顺利实施有重要的推动作用。绩效申诉的后续跟进，就是要企业不断完善绩效考核制度和申诉渠道，尽可能地避免在绩效考核过程中出现失误。

（五）领导不公平对待

1. 问题的表现

有的员工会申诉自己与领导平时不太亲近，或是有的时候顶撞了领导，导致领导故意给他较低的评分，致使自己在考核中得到了不公平的对待。还有少数员工申诉部门之间因平时缺乏交流，而出现了评分不公平的现象。

2. 处理的方法

针对以上问题，人力资源部要暗中进行调查，调查重点包括两方面：一是该员工平时工作表现如何，周边员工如何评价；二是部门领导评价的意见怎样，依据是否充分。

如果原有评价的证据充分合理，就要对该员工进行耐心讲解；如果申诉事实成立，属于领导打击报复，就需要对领导进行一定劝导，必要时请上一级领导出面，要让其认识到“公平、公正”在绩效考核中的重要性，作为领导更要遵守。

不管是哪种打击报复，人力资源部都应认真对待，客观地调查事实，给予当事人公平、公正的对待。绝不能因一方位高权重而碍于面子，姑息这类打击报复现象。

（六）对自身的考核结果不满意

1. 问题的表现

员工对自身的考核结果不满意，往往在绩效考核申诉中比例最高。因为绩效考核最终的结果与个人的工资收入、晋升提拔、培训再造等利益息息相关。在对考核结果的申诉中，多数员工都认为自己的表现应该高于公司给予的绩效评价，从而认为考核不公平。

（1）质疑考核标准，如“我都完成了，为什么是需改进的考核等级”等。

（2）期望和结果偏差很大，如“主管从来没说我做得不好，上次还表扬了我，为什么考核的时候说我不合格”等。

（3）横向不公平，如“我为什么得 D，我至少比 ×× 好吧，得 D 的为什么不是他”等。

（4）申诉主管不公，如“他任人唯亲，容不得不同意见，对我打击报复”等。

2. 处理的方法

对于考核结果的申诉，可以从几个维度进行考虑。

（1）首先我们要接纳员工的感受。一般情况下，如果不是员工确实有怨言，是不会采取“申诉”这样比较过激的方式解决问题的，这种情况下，即使问题解决，主管和员工的关系也会出现裂缝。

（2）解铃还须系铃人，初期解决问题的机会还是要留给考核主管。我们需要让主管和员工进行开诚布公的沟通，消除误解。如果主管沟通失败，人力资源部再进行介入，听取双方意见，从第三方角度判断评价的公正性。

（3）确保绩效评定程序的公正性。如员工是否有机会自评、主管是否搜集了周边意见、结果是否进行了管理层评议或审批等。如果程序有问题，则需要请双方按照正确的绩效考核程序再次进行评定，对此主管应该承担管理责任。

（4）审视评价结果的公平公正。如果程序是合规的，则请双方提供各自的评判意见，必要时由绩效考核委员会进行评判。如果是主管绩效管理能力问题，则对此主管要进行相应的绩效管理培训；如果发现主管打击报复，拉帮结派，则需再次进行客观审查以确定员工绩效结果，对主管则按照公司规定进行处理。

（5）解决员工拉人垫背的心理。如果评价结果是公正的，但员工纠结于“×× 还不如他，为什么不是他得 D”，则强调个人首先要对照自己的绩效标准，其次我们做的是全面绩效评价，最了解员工全面绩效的还是主管，再次，×× 员工是否应该得 D，不在本次讨论范围之内，以免使绩效申诉复杂化。

（6）正式和坦诚的调查结论沟通是有益于矛盾的化解的。如果经过确认，员工绩效依然维持原先的结果，我们需要就调查过程和结论与员工进行正式的沟通和解释，如有必要，可以联合主管，强调这是对工作结果而非对个人的评价，对事不对人，鼓励员工向前看，并请主管承诺在后续工作中给予支持，在感情上帮助员工渡过这个低谷期。

（七）对考核结果的运用不满

1. 问题的表现

根据绩效考核办法，绩效结果一般会涉及薪资变化、职位升降等，但公司各部门都是按照一定的百分比来划分考核等级的，这就有可能导致一些优秀者的绩效考核结果与实际绩效不符，从而享受不了某些升职加薪的待遇，或者某些业绩较差者不会受到降级降薪的处理。有的员工会对此提出意见，建议不要严格按照百分比实施。但是，如果不实行百分比例法，则势必会带来公司人力成本增加、某些职位空缺或超员的情况，这也是目前很多企业不能回避的一个问题。

2. 处理的方法

对类似申诉，最好的解决办法是要真诚地说明根据公司实际情况、绩效推行的程度和水平，暂时只能按照百分比进行等级划分，存在一定的不合理或不公平，希望大家理解，在今后的绩效考核中会不断完善考核制度、提升评估技能，给予适当的平衡。

参考文献

[1] 世界500强企业管理标准研究中心 . 绩效测评与管理 [M]. 北京：中国社会科学出版社，2004.

[2] 企业员工管理方法研究组 . 企业员工考核方法 [M]. 北京：中国经济出版社，2002.

[3] 赵晓亮，孟治国 . 实用员工考核与薪酬管理表格 [M]. 北京：中国致公出版社，2000.

[4] 滕宝红，温苏虹 . 高，再高：提高绩效的 99 种工具 [M]. 广州：南方日报出版社，2004.

[5] 李剑 . 人力资源管理实务必备手册 [M]. 北京：人民邮电出版社，2003.

[6] 尹隆森 . 岗位评价与薪酬体系设计实务 [M]. 北京：人民邮电出版社，2006.

[7] 尹隆森 . 目标分解与绩效考核设计实务 [M]. 北京：人民邮电出版社，2006.

[8] 布莱恩・沃特林 . 绩效评估手册 [M]. 王宾容，张颖，孙志燕，译 . 北京：经济管理出版社，2002.

[9] 武欣 . 绩效管理实务手册 [M]. 北京：机械工业出版社，2001.

[10] 王志宇 . 绩效魔方 [M]. 北京：中国社会科学出版社，2003.

[11] 任康磊 . 绩效管理工具 OKR KPI KSF MBO BSC 应用方法与实战案例 [M]. 北京：人民邮电出版社，2021.

[12] 胡华成 . 绩效管理与考核全案 [M]. 清华大学出版社 . 2019.

[13] 任康磊 . 绩效管理与量化考核从入门到精通 [M]. 2 版 . 北京：人民邮电出版社，2020.

[14] 付亚和，许玉林 . 复旦博学・21 世纪人力资源管理：绩效管理 [M]. 3 版 . 上海：复旦大学出版社，2014.

[15] 孙科柳，蒋业财，解文涛 . 华为绩效管理方法论 [M]. 北京：中国人民大学出版社，2016.

[16] 白睿 . 绩效管理全流程实战方案 [M]. 北京：中国法制出版社，2019.

[17] 王明 . OKR 管理法则——阿里巴巴、华为绩效管理实战技巧 [M]. 北京：中信出版社，2020.

[18] 曹子祥 . 曹子祥教你做绩效管理 [M]. 北京：中华工商联合出版社，2015.

[19] 杨长清 . 华为高绩效管理 PBC——上下同欲、力出一孔 [M]. 北京：电子工业出版社，2021.

[20] 马宏勇 . 向华为学绩效管理（实战升级版）[M]. 北京：人民邮电出版社，2020.

[21] 阿吉斯，刘昕 . 绩效管理 [M]. 3 版 . 北京：中国人民大学出版社，2016.

[22] 胡劲松 . 绩效管理从入门到精通 [M]. 北京：清华大学出版社，2015.

[23] 方振邦，冉景亮 . 绩效管理 [M]. 2 版 . 北京：科学出版社，2021.

[24] 林新奇 . 绩效管理：技术与应用 [M]. 3 版 . 北京：中国人民大学出版社，2021.

[25] 周辉 . 增量绩效管理——构建以产品为核心、基于增量产出的管理体系 [M]. 北京：电子工业出版社，2019.

[26] 邓玉金 . 绩效管理的 8 节实战课 [M]. 北京：中信出版社，2019.

[27] 葛剑平 . 绩效管理与薪酬设计实务 [M]. 杭州：浙江工商大学出版社，2016.

[28] 唐铭 . 绩效管理说明书 (资深管理顾问实战手记)[M]. 北京：经济管理出版社，2015.

[29] 闫轶卿 . HR 绩效管理从助理到总监 [M]. 北京：中国法制出版社，2018.

[30] 杨红玲，周小平 . 绩效管理实务 [M]. 广州：华南理工大学出版社，2013.

[31] 顾琴轩 . 绩效管理 [M]. 3 版 . 上海：上海交通大学出版社，2015.